从米歇尔谈生物化学

刘枫　主编

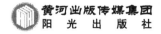

黄河出版传媒集团
阳 光 出 版 社

图书在版编目（CIP）数据

从米歇尔谈生物化学 / 刘枫主编 .—— 银川：阳光
出版社，2016.7（2022.05重印）
（站在巨人肩上）
ISBN 978-7-5525-2796-4

Ⅰ.①从… Ⅱ.①刘… Ⅲ.①米歇尔，J.F.（1844–
1895）–生平事迹–青少年读物②生物化学–青少年读
物 Ⅳ.① K835.226.15–49 ② Q5–49

中国版本图书馆 CIP 数据核字 (2016) 第 181558 号

站在巨人肩上　从米歇尔谈生物化学　　　　刘枫　主编

责任编辑　陈建琼
封面设计　瑞知堂文化
责任印制　岳建宁

黄河出版传媒集团
阳　光　出　版　社　出版发行

地　　　址　宁夏银川市北京东路139号出版大厦（750001）
网　　　址　http://www.ygchbs.com
网上书店　http://shop129132959.taobao.com
电子信箱　yangguangchubanshe@163.com
邮购电话　0951-5047283
经　　　销　全国新华书店
印刷装订　天津兴湘印务有限公司
印刷委托书号　（宁）0020170

开　　本　710 mm × 1000 mm　1/16
印　　张　8.5
字　　数　136千字
版　　次　2016年7月第1版
印　　次　2022年5月第2次印刷
书　　号　ISBN 978-7-5525-2796-4
定　　价　35.80元

前　言

　　哲人培根说过:"读史使人睿智。"是的,历史蕴含着经验与真知。

　　科学的发展是一个漫长的过程,一代又一代的科学家曾为之不懈努力,这里面不仅有着艰辛的探索、曲折的经历和动人的故事,还有成功与失败、欢乐与悲伤,甚至还饱含着血和泪。其中蕴含的人文精神,堪称人类科技文明发展过程中最宝贵的财富。

　　本系列丛书共30本,每本以学科发展状况为主脉,穿插为此学科发展做出重大贡献的一些杰出科学家的动人事迹,旨在从文化角度阐述科学,突出其中的科学内核和人文理念,提升读者的科学素养。

　　为了使本系列丛书有一定的收藏性和视觉效果,书中还汇集了大量的珍贵图片,使昔日世界的重要场景尽呈读者眼前,向广大读者敬献一套图文并茂的科普读本。

　　由于编者水平有限,加之时间仓促,疏误之处在所难免,敬请广大读者批评指正。

编者

目　录

米歇尔的自我介绍

生活就像海洋，只有意志坚强的人，才能到达彼岸。

——马克思

名句箴言

自我介绍

我是米歇尔，1844 年 8 月 13 日出生于莱茵河畔瑞士西北部城市巴塞尔，父亲是一名解剖学教授。儿时的我虽然比较害羞和内向，但学习成绩优异，被公认是个天资聪明的孩子。

1865 年夏天，我当时还是医学院学生，来到德国哥廷根，参与有机化学家阿道夫·斯特瑞克的实验室的工作。我在返回巴塞尔时感染上伤寒，学习不得不中断近一年。1868 年获得博士学位后,我又前往德国南部蒂宾根,投奔到被誉为天才化学家的霍佩赛勒门下。

当时正处于克里米亚战争时期,研究所附近有家医院照料着受伤的士兵,我到该医院检查研究伤员用后的绷带,期望能发现有价值的东西。功夫不负有心人,

巴塞尔(米歇尔的诞生地)

在伤口脓液的白细胞细胞核中,我找到一种由大分子构成、含有磷和氮的物质。起初我认为该物质源于细胞核,便称它为核素(nuclein)。由于这种物质同当时人们所知的细胞

克里米亚战争中冲进俄军的轻骑兵

中其他物质差异甚大,于是霍佩赛勒亲自重复了研究工作,

之后才同意了我在杂志上发表研究成果。

1870 年，我回到自己的故乡巴塞尔。1872 年我被巴塞尔大学聘请为教授，继续从事研究工作。1874 年，我将已发现的物质分离成蛋白质核酸分子后，改称其为核酸（即人们称为的脱氧核糖核酸，DNA），它作为染色体的一个组成部分而存在于细胞核内，是生物的遗传物质，携带着遗传信息。

摩尔根创立了基因遗传理论之后，科学家们也通过许多遗传现象证实了基因的存在，但当时他们尚未实际观察到基因这一物质。摩尔根说："像化学和物理学家假设看不见的原子和电子一样，遗传学家也假设了看不见的基因。"

摩尔根

瑞士化学家米歇尔（1844～1895年）早在1868年就从细胞核中发现了一种被他称之为"核素"的物质。1889年，与米歇尔同一实验室的生物学家阿特曼分离了"核素"中的蛋白质，得到了一种酸性物质。因为这种物质是从细胞核中提取出来的，因此他将其称为"核酸"。

从19世纪末到20世纪初，德国生理学家、化学家科赛尔（1853—1927年）探明核酸的主要成分是：四种不同的碱基、磷酸和戊糖。科赛尔和美国细胞学家威尔逊（1956—1939年）都曾设想核酸可能是在遗传过程中起关键作用的物质。

20世纪20年代，关于核酸的研究取得了重要进展。

德国细胞学家福尔根（1884—1955年）于1924年发现核酸中的戊糖有两种：核糖与脱氧核糖。根据含糖的不同，核酸就分为核糖核酸（RNA）

列文

与脱氧核糖核酸（DNA）。

1929年，科塞尔的学生——俄裔美国生物化学家列文（1869—1940年）发现核酸碱基的主要成分是腺嘌呤、鸟嘌呤、胸腺嘧啶、胞嘧啶。列文还证明核酸是由更简单的核苷酸组成的，而核苷酸则是依碱基、核糖、磷酸的顺序连接而成。

　　列文为探明核酸的成分做出了重要贡献,但他以为核酸结构比较简单是错误的,并且这一观点当时得到了广泛认同,所以科学家认为核酸难以承担复杂多样的遗传功能。染色体的主要成分除了核酸以外,还有蛋白质,因而科学家们普遍倾向于结构复杂的大分子蛋白质是遗传信息的载体。

　　核酸的发现开创了生物学上一个新的领域——生物化学。其实早在生物学和化学诞生之初,这两门学科的结合就已经产生。下面,本书就将向你讲述生物化学的发展历程。

生物化学发展简史

有神。

读书破万卷，下笔如

——杜甫

名句箴言

浸透人类科学的甘泉

酒是胆量、勇气、豪爽、直率的象征，也是喜庆与胜利的象征，总之，它是一种内在的力量与胜利的象征。在欢庆胜利的时刻，人们开怀痛饮的是庆功酒，欢乐酒；在悲愁困苦的日子里，有了酒，人们可以得到暂时的慰藉，在艰险厄运面前，有了酒，可以增强人们慷慨赴死的气魄……当今世界，酒的消费也越来越大。德国慕尼黑是世界著名的酒城,这里的人们每年要喝掉 100 万公斤啤酒,其他酒类不计在内。酒,似乎是与人类相始终的饮料,其他任何一种饮料都没有酒对人类的引力强,影响大。

古人酿酒

酒在人类诞生前就已经有了。天文学家们从光谱分析中发现宇宙空间存在着酒精分子,这些分子可能是在宇宙中自行合成的。就是说,如果宇宙中的碳、氢、氧分子能自行合成酒精分子的话,那么生命——蛋白质存在的高级形式出现以前,一定有一个包括酒精分子在内的简单有机化合物形成和存在的漫长宇宙历史时期。不过,在人类社会出现以后,人们开始是怎样发明酒,饮用酒的,却是一个不解之谜了。

德国慕尼黑——啤酒之都

古代人将酒的发明权归于神明。于是出现了许多美丽动人的传说。古代中国传说仪狄、杜康二位是最初的酿酒者。传说中治水英雄大禹时仪狄造酒,进献于禹,禹喝了觉得甘美无比,认为今后一定会有贪酒而忘国事,使国家灭亡的君主。于是把仪狄赶走了,自己也从此不饮美酒。而杜康,2000多年前就成为酒的代名词了,曹操有诗:"何以解忧,唯有杜康。"

在古埃及,人们认为酒是由奥西里斯首先发明的,因为他是死者的庇护神,酒可以用来祭祀先人,超度亡灵。古代美索不达米亚人推崇诺亚为酿酒始祖,诺亚不仅造出方舟在洪水之后重新创造了人类,而且还赐给人类美酒用来躲避灾难。

大禹祠

在古希腊,人们对于酒的传说就更美丽了。他们有自己的酒神,名字叫狄俄尼索斯。他是天帝宙斯的儿子,一生多灾多难,生下来以前母亲就被宙斯烧死了。宙斯把他从母腹中取出交给女神们抚养。长大以后,他走遍了希腊、叙利亚,直至印度,然后又返回了欧罗巴。一路上,他传授葡萄酿酒技术,并显示了奇迹:能使葡萄酒、牛奶和蜂蜜如泉水般从地下涌出。有意思的是,在酒神参加游行的男男女女头戴长春藤、葡萄叶,手执酒神杖,吵吵闹闹,疯疯癫癫地前进,大概是为了表现酒神的作用吧。

陶制酒器

在中国，原始社会末期的文化遗址中出土了大量陶制酒器，说明这时人们已经学会了酿酒。商周时代，甲骨文中已经有了"酒"字。地下出土的青铜器中，有许多都是盛酒或煮酒用的，如尊、卣、壶、爵、觚等，这些酒器不仅有实用价值，而且还是身份等级的证明。

《尚书》上说："若作酒醴，尔惟麴蘖。"这是说要造酒就要有酵母，使原料发酵。看来现在的造酒方法和几千年前是一致的，到春秋时，已经有专门记载造酒时六个必须注意事项的书：

酿酒发酵的搅拌工序

"秫稻必齐，曲蘖必时，湛炽必洁，水泉必香，陶器必良，火齐必得"。这就把造酒过程中从原料选择到渍料、蒸煮、用水、掌握火候和选择设备等关键指明了。应当说这反映了古代劳动人民在酿酒过程中积累起来的技术经验。不仅如此,古代造酒技术也是相互传播的。中国内地之所以会制葡萄酒,还是张骞出使西域后把造葡萄酒的技术带回来的。那时西域使节来内地,常携带葡萄酒,深受内地欢迎。

在西方,人们在相当早的历史时期也开始造酒了。据考古学家分析,西班牙北部发现的阿尔塔米拉山洞,距今已有一万年之久,是著名的史前文化遗迹。这个山洞很可能是当时人们祭神奠酒的活动场所。如果是这样,西方人学会造酒同中国人差不多在同一个历史时期了。

酒究竟起源于何时?单凭考古发现来确定,是很难令人信服。这里有两个问题:一是酒在大自然中自然形成起始于何时?二是人类什么时候学会了酿酒呢?

杯中的酒先洒一点在地上做祭酒

酒精分子能在宇宙中形成,那么在比较近的地质历史时期,酒在大自然中也可以自然生成。自然界中有取之不尽的含糖物质,糖在酶的作用下可以变为酒精。不难想象自然界中含糖的植物果实一旦被带到洼地,适当的水分和温度就促使果皮上霉素活跃起来,将果汁变成酒浆。中国民间素有"猿猴造酒"之说。法国人认为鸟可以酿酒,大概就是鸟把果实衔到窠里而发酵成酒了。所以人发现酒,学会酿酒很可能受到飞禽走兽的启示。

人们学会酿酒是人类有足够的时间和精力去模仿生物无意识酿酒的方法。人

尼罗河遗址

类必须在有了维持基本生活需要的食物之后,又能短期贮藏食物时,才有可能自觉地学习酿酒。而人类要贮存食物,就非得定居不可。可以断定,酿酒的历史一定晚于人类开始定居生活的年代,这个年代距今大约为 4 万～5 万年。

依此推测,人工造酒,大约开始于旧石器时代晚期。随着社会经济的发展,出现了农业、陶器,人类进入了新石器时代。这时人们有了比较充裕的食物,又有制作精细的陶器皿,使得大规模酿酒有了可能。再加上人类在长期劳动中积累了比较丰富的酿造经验,终于可以根据自己的需要来酿酒,酿酒也成为一门专业技术。尼罗河流域的农业遗址,中

国西安半坡村的文化遗址的出土文物都说明,那个时候人类有充分的条件酿造美酒了。这也正是仪狄、杜康等传说人物出现的时期。

小麦

起源于亚洲、北非和欧洲的小麦,起源于西亚和阿拉伯的大麦,起源于东南亚的水稻等农作物在这个时期已广为耕种,谷物原料酒和果杂原料酒相继发展起来。人们广开原料来源,有的用牲畜奶汁酿奶酒,有的采集蜂蜜酿蜜酒。酒是人类最早利用生物化学变化制造出来的化学制品。今天,当人们端起精制的酒杯,望着杯中晶莹澄澈的酒液时,自然就会想到,正在品尝的美酒,是人类最古老的科学文化!

酿酒过程包含了一定的生物和化学方面的科学技术,因此对于古人来说,酿酒技术的发明可以说是一项了不起的创造。

致天下之治者在人才，成天下之才者在教化。

——胡瑗

名句箴言

揭开人体的生理之谜

到16世纪，漫长黑暗的中世纪已经过去，古代文化得以复兴，医学上也露出了新时代的曙光。人类开始从科学上认识组成大千世界的万物，然而，对人体这个复杂奇妙的机体还没有得到真正的认识，人体仍是"神秘莫测"。

现在，人们对人体结构有了相当详尽的了解，人体结构及其功能的无穷奥秘，越来越多地被揭开了。一提起血液循环，人们便立即会联想到：滔滔长江，奔流不息；滚滚黄河，日泻千里。它们渊源于高深幽静的峡谷，汇集于波涛汹涌的汪洋大海。是的，人体里也有奔腾的江河，这就是血液循环系统。可是，在 400 多年前，人们对人体还不

滔滔江水奔流不息

太了解，对其内部的构造更是一无所知。直到 16 世纪中叶，人体的构造才得到科学的认识和了解，从此以后，血液循环运动的秘密才被揭开。第一个科学地研究和描述人体构造的是比利时医生和解剖学家安德烈·维萨里。是他为血液运动的研究开辟了广阔的道路。

1514 年，维萨里出生于比利时布鲁塞尔的一个医生世家。大学毕业后，就教于意大利的帕多瓦大学。那时，亚里士多德的关于心脏是生命、思想和感情活动中心的论点相当走红，大学课堂还是以传授盖仑的著作为目标，上帝用男人肋骨创造出女人的说法比比皆是，人们广为相信男人的肋骨比女人少一根，耶稣可以通过复活骨使死人复活等等传说、神话风靡一时。人体解剖虽已开禁，但在大学课堂上仍然是

学者不执刀解剖,执刀解剖的却是不懂科学的理发师。目睹这一切,他愤怒不已。"这不是为了发现新事实,而是为了验证盖仑著作的正确性。"维萨里开始向传统观念发起攻击。他在课堂上,一边执刀解剖,一边对照讲解人体的构造,这种别开生面的教学引起了学生的兴趣,发现了不少问题。于是,他开始校译盖仑的著作,纠正了书中200多处错误,初步揭开了人体构造的

维萨里解剖工作图

秘密。1543年他出版了《人体的构造》。正是这一年,哥白尼的《天体运行论》也出版问世。它们在生物学和自然科学领域里同时标志着旧时代的结束、新时代的开始、科学革命的诞生。

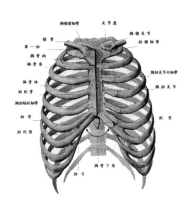

肋骨

大脑和神经系统代表生命、思想和感情活动的中心的论断逐步确立了起来,使人们真正看到了男人的肋骨和女人的一样多,证明了人体中没有永不毁坏的"复活骨",纠正了盖仑关于左右心室相通的说法,指出了左右心室之间的肌肉

很厚,没有可见的孔道使动脉血和静脉血沟通,驳斥了耶稣的可用复活骨使死人复活的无稽之谈。为血液循环运动的发现奠定了重要的基础。

维萨里 1564 年遭到教会的暗害,离开了人世,但他追求科学真理和勇于向神学挑战的精神鼓舞了后人。他未竟的事业,终于在哈维手中结出了丰硕的果实。

威廉·哈维是英国生理学家,受到维萨里影响,一直从事血液运动的研究。他在耐心地观察心脏和血液的活动时,发现心脏每收缩一次,就把一定量的血液送到了动脉里,心脏在一个小时里送出的血液的量相当于人体重量的三倍。那么,这么多的血液究竟

哈维

从哪里涌出来,又流到哪里去了呢?难道它真的是来无影、去无踪吗?他不断地发现问题,认真地思索着。后来,他终于找到一种答案,那就是:"来自心脏的血液必定又返回到心脏,血液是在人体内循环的。"事实上,他已经发现了血液循

环的理论。然而,不知道哈维的血液循环多少次,才发现这一重大理论的。

威廉·哈维于1578年4月1日出生在英国的福克斯通。剑桥大学毕业后,哈维来到当时医学研究中心——意大利的帕多瓦留学,1602年获得医学博士学位。回国后哈维成了御医,先后为国王詹姆斯一世和查理一世服务。

此时,英国正处于政治上的动乱时期,但他从不过问政治,他把自己的全部兴趣都倾注在医学研究上。

在哈维那个时代,很多医生都对血液的运动作过推测。有的认为血液在心肺的环境内做循环运动;有的认为血液是沿单一方向运动;还有人认为盖仑的血液运动理论是正确的,即"在把心脏分为两半的中隔上,有着人们肉眼看不见的小孔,血液穿流过这些小孔,并在血管里缓慢地来回流动,开始向这一方向,接着又向相反方向流动。"应该看到的是,这种理论在医学领域里统治了整整1 400多年,使血液运动一直处于迷惑不解的状态。唯独哈维认为,必须在人体内部寻找解开血液运动之谜的钥匙。他运用维萨里的方法进行了数百次的研究。

哈维通过仔细观察博动着的动物心脏,发现心脏的左右两部分并不是同时收缩的,左右心房和左右心室的房室口的瓣膜是单向阀,静脉中的静脉瓣也是单向阀。哈维在帕多瓦的老师哲罗姆虽然已经发现了这一现象,但他并没有理解这些瓣膜的真正功能。

很明显,血液从心脏里被推送出来后,沿着动脉流到全身,又循着静脉流回到心脏,瓣膜起着防止血液倒流的作用。

1616 年,哈维做了一个实验,他把动脉扎起来,发现靠近心脏一端的动脉由于压力而鼓起来。接着他又把静脉扎起来,结果静脉远离心脏的一端鼓起来。这一现象使他在那时就坚信血液是循环的。可是,动脉和静脉看上去并不连通,那么血液是如何从动脉流入静脉的呢?动脉就像一棵大树一样,它分成许多小枝,越来越细,而在动脉将到终结的地方,又开始出现很细的静脉,并且越来越粗。在静脉和动脉之间并没有明显的联系。

1628 年,他整理出版了著名的《心血运动论》。虽然这本书的印刷质量很差,但它的科学内容具有重大的研究价值

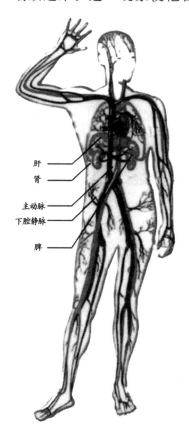

肝
肾
主动脉
下腔静脉
脾

人体血液循环图

和历史意义。正是它的问世才彻底推翻了统治医学达 1400
多年之久的盖仑的理论。然而,这一里程碑式的著作出版
后,却没有给哈维带来幸运。最初哈维受到嘲笑,随之
而来的是他的病人急剧地减少,医业开始衰落。那些反对者们
认为他是个精神失常的医生,都不信任他。哈维甚至被讥讽
为"循环的人",这一绰号并不是由于相信血液循环理论而为
他戴上的,而是因为这个词在拉丁文里是指"庸医",即那些
在大街上卖药的小贩子,以此来辱骂哈维是江湖医生。哈维
对此保持缄默,继续进行研究,他坚信总有一天会证明自己
的理论是正确的。

1661 年哈维去世整整四年后,血液循环的最终证据终于
被发现了。意大利医生马尔比基在对青蛙的活组织进行镜
检时,发现它的肺里存在着一种把动脉和静脉连接起来的血
管。这种血管像毫毛一样细,于是马尔比基就把这种血管叫
作"毛细血管"。血液循环理论至此乃告完成。

血液循环的发现使生理学发展成为科学,为伟大的生命
科学的诞生奠定了基础。

名句箴言

能够摄取必要营养的人要比吃得很多的人更健康，同样地，真正的学者往往不是读了很多书的人，而是读了有用的书的人。

——亚里斯提卜

首创人工合成尿素

在人类所认识的物质世界中，有生命活动的物质是最奇妙的了。它们能够生长、繁殖，能够进行新陈代谢和遗传变异；它们有生有死，有全然不同于无生命物质的许多性质，因而构成了一个神秘的生物世界。

人类认识客观世界的发展过程，首先是从无生命世界开始的，然后慢慢地过渡到有生命世界。近代化学在1824

年人工合成了尿素。尿素的出现是人类历史上第一次从无机物人工合成有机物的革命性突破,从而揭开了有机化学的崭新篇章,使人类探索之光照亮了有生命的物质世界。

1828 年,28 岁的德国化学家弗里德利希·维勒用无机物氯化铵和氰酸银反应,首次确认制成了有机化合物尿素。

维勒出生于德国一个医生家庭,从小爱好化学,经常偷偷地按照书本上的叙述做化学实验。维勒读完大学的化学课程,又前往瑞典的斯德哥尔摩,成为世界著名化学家贝采利乌斯的学生。

维勒

维勒大学毕业后一直在研究氰酸和氰酸盐。一天,维勒读到德国化学家尤斯图斯·李比希的文章,得知李比希正在进行同自己相似的研究。他立即与李比希通信联系,很快两人成了研究同一课题的和平竞赛者,最终成为亲密的伙伴。

法国卓越的化学家盖-吕萨克确定了氢氰酸和氰根的组成之后,许多化学家对氰的性质进行了研究。结果表明,它与氯离子在性质上很相近,用强碱与氢氰酸作用时形成一种盐。后来,维勒对氢氰酸与汞的氢氧化物进行作用,制得了氰酸汞。维勒对氰酸汞进行较长一段时间的系统研究。

当维勒读到李比希的文章时,不禁大吃一惊。因为他和李比希研究同一种物质,都是氰酸汞,但得到的结果却根本不同。李比希制得的氰酸汞称为"雷酸汞",因为此盐具有极猛烈的爆炸性质,有时在进行化学合成过程中,稍有不慎就会引起爆炸。然而,维勒所制得的氰酸汞则根本不爆炸。是不是其中一个人的研究出现了错误?按照人们通常的看法,如果甲对一个事物的认识是肯定的,乙对同一个事物的认识是否定的,那么,其中一个人是正确的,另一个人则必然是错误的。

盖-吕萨克

李比希认识到的氰酸汞具有爆炸性,而维勒认识到

思考中的李比希

的氰酸汞不具有爆炸性,两个人的结论截然不同,其中一个人必然是错误的,不是李比希,就是维勒。

两个人都想用实验证明对方的认识是错误的。这是一场智慧的竞赛,是拓宽人类认识领域的竞赛,不论谁获胜或失败,都将推动化学发展的进程。

维勒在深入研究氰酸盐的过程中,于1824年首先制取了氰酸铵。他将氨溶液与氰酸混合,然后把混合液进行蒸发,这时反应形成的盐便结晶而出了。

维勒在得到氰酸铵不透明的晶体后,准备进行容量分析。按照常理,这个新物质溶于水之后,溶液应该呈氨和氰酸的特征反应。然而使他奇怪的是,这个晶体既没有出现氨的反应,也没有出现氰酸的反应。无论维勒怎样将这种晶体的水溶液与氢氧化钾一起加热,始终也没有出现氨的气味。同时,不管他做过多少次实验,也没有看到氰酸的影子。

维勒疲倦地想着:“我得到的东西到底是什么呢?”当然,在家庭实验室里,对这个复杂的问题很难得到解答。“必须有个像样的实验室才行!”可是,只有当上化学教师以后,他才可能有理想的实验室。

从瑞典留学回来,维勒一直待在家里,埋头做化学实验和研究。如今他决定出去工作,寻找一间实验室。维勒来到柏林,接受了柏林工艺学校校长的聘请,担任薪金很低的化学教师。本来维勒可以在其他学校得到更高的薪金,然而他感到工作环境和研究条件比薪金更重要。他看中了工艺学校的化学实验室。

维勒一家

白天繁重的教学任务完成之后，维勒顾不上休息，晚饭后立刻奔向实验室。那里还有好些工作等着他去做呢！年复一年，在紧张忙碌的 4 年里，维勒精确地研究了氰酸与氨的化合，不断地分析那个本来应该称作"氰酸铵"的晶体。通过实验，数据越来越精确了。氮、氢、氧和碳的百分比含量，都确凿无疑了。一天，维勒把氰酸铵的所有数据整理完毕时，他惊呆了。望着这四种元素的含量比例，他陷入了往事的回忆……

　　20岁,维勒中学毕业,他已经不再是那个又高又瘦、长着煽风耳朵、滑稽淘气的孩子,而是一位身材颀长、举止文雅的青年了。秋天,他考入马尔堡大学,按照父亲的意愿学医。维勒喜欢紧张充实的大学生活。他如饥似渴地认真学习,所有的功课都在白天完成。每天傍晚,只要一回到住所,就满怀激情地投入化学实验。他每天都做实验,如果有一次不做实验,就无法入睡。女房东把房间打扫得干干净净、井井有条,但他却感到不舒服。维勒的第一项研究成果,就出自这大学生的寄宿宿舍。

　　大学二年级时,维勒发表了第一篇化学研究方面的论文,登载在《吉尔伯特年鉴》上。尽管文章很短,却受到欧洲"化学巨人"贝采利乌斯的充分肯定。

　　论文的发表和贝采利乌斯的鼓励,更坚定了他从事化学研究的信心。不久,维勒转学进入海德堡大学。他向往德国著名化学家列奥波德·格美林,当时格美林被人们誉为"海德堡的贝采利乌斯"。然而,维勒请求听格美林教授的课时,竟遭到回绝。但是他同意维勒去他的实验室工作。能够被允许在格美林实验室里工作,真是喜从天降。这是维勒以前连想都不敢想的特殊荣誉。

　　维勒从初中时就进行自学,所以在化学方面取得了巨大的成就。后来在海德堡大学,他的学识不仅赢得了格美林的赞扬,而且受到蒂德曼的垂青。这两位不同专业的著名学者都希望指导维勒,最终不得不采取折中方案,让维勒研究生理学中的化学问题。根据蒂德曼教授的建议,维勒研究有机体新陈代谢中排泄废物中占首位的化学物质——尿素。这种物质是无色的晶体,易溶于水。维勒分离出纯净的尿素,并在格美林的指导下,对它的化学成分作了全面分析。他查明了尿素的一些重要性质以及在人体中的生理作用。格美林教授的分析方法异常先进,维勒分别精确地测定出尿素中氮、氢、氧和碳的成分,得到了一批数据……

维勒与过去尿素分析的原始记录进行比较。两个数据一比较,问题出来了。目前研究的"氰酸铵"就是自己上大学时研究过的尿素!两者的实验数据完全吻合。根据理论计算,氰酸铵和尿素的百分组成是一样的。实验的研究也先后证实了这一点。所不同的是,以前研究的尿素是人和动物的产物,而现在却是从无机物中制得的尿素。维勒心想:"如果在实验里可以合成出这种有机物,那么为什么不能合成出其他的有机物呢?尿素的合成证明,有机物可以在实验室里合成出来,只要找到合成所必需的条件就行。"

为了证实自己的观点,维勒又做了一系列的实验,分别用不同的无机物,通过不同的途径,都合成了尿素。1828年,维勒发表了总结性论文——《论尿素的人工合成》,他告诉人们,用氯化铵溶液和氰酸银反应合成尿素是最佳的途径。

尿素的人工合成对有机化学合成具有重大意义。它打破了无机物和生命物质之间的绝对界限,从而使科学家破除了"有生命物质不能人工合成"的错误认识,使人类进入了用化学合成模拟生命物质变化过程的研究阶段。因此,维勒的成功引起了科学界的广泛重视。

在维勒人工合成尿素的启发下,科学家们立即开始了有机合成实验。1845 年,德国化学家柯尔伯用木炭、硫黄、氯及水做原料,人工合成了有机物醋酸,接着人们又合成了葡萄酸、柠檬酸、苹果酸等一系

维勒挂

列有机酸;1854 年,法国化学家贝特罗人工合成了油脂类物质;1861 年,俄国化学家布特列洛夫用多聚甲醛和石灰水作用,第一次合成了属于糖类的物质。

19 世纪末,人类已经能够合成绝大多数简单有机物质,为 20 世纪科学家合成生物高分子奠定了牢固的基础。进入 20 世纪以来,人类已经成功地合成了蛋白质、核酸等生物高

分子,创立了遗传工程,向人工合成生命物质又迈进了一大步,形成了浩浩荡荡的生物科学研究洪流。然而,这所有的一切都起源于 19 世纪 20 年代维勒的人工合成尿素。

仅次于选择益友，就是选择好书。

——考尔德

名句箴言

破译条件反射的实验

一条纯种俄国牧羊狗在巴甫洛夫的生理实验研究所里引起了人们的特别注意。每次喂食时，都有一位实验人员为它摇铃。为什么一条普通的狗进食时要为它摇铃？什么人为它摇铃？这其中究竟有什么奥妙？原来，这是著名俄国生理学家巴甫洛夫在研究狗的生理现象。中国古代有两句成语，说的是画饼充饥、望梅止渴的故事。

古人只是说说罢了，其实在现代医学科学上是大有名堂的，它们中包含着深奥的科学道理。按照现代生理学家的解释：每当人们处于极度饥渴时，面对画饼或遥想酸梅时，嘴里会自然而然分泌出唾液来，这种现象在生理学上，就叫作"条件反射"。伟大的生理学家巴甫洛夫正是通过大量的动物实验，第一个深入研究和剖析了"条件反射"的实质的。

1849年9月14日，巴甫洛夫生于俄国一个叫作里亚山的小乡村。父亲是一位乡村牧师，十分注意对小巴甫洛夫的教育。一次，小巴甫洛夫跟着父亲到一个农家去，为一个因饮食不良消化失常的孕妇做临终祈祷。归途中，小巴甫洛夫晃动着他那稚嫩的脑袋感慨地问："爸爸，有万能的上帝存在，你救不了她的命。"

"我救不了她的命，但愿能救得了她的灵魂。孩子，俄国的医疗水平太差了，死于疾病的人太多了，我们实在无能为力。"

没多久，少年巴甫洛夫报考了圣彼得堡的一所大学，学习自然科学，为后来的研究打下

巴甫洛夫在认真研究

了坚实的理论基础。一天，巴甫洛夫的爸爸突然接到儿子从圣彼得堡寄来的一封信，只见信上说："为了解救人们的性命而工作是神圣的。虽然我明天即要大学毕业，现在正跟教授们商量，可否准许我放弃自然科学的学习，转入医学院从头学起……"

巴甫洛夫为什么要放弃自然科学的学习，而要转入医学院从头学起呢？直接原因，就是他的一个亲密学友死于庸医之手。巴甫洛夫首先向圣彼得堡大学医学院的院长提出转学的申请，但是医学院院长考虑医生培养年限和巴甫洛夫的实际年龄，拒绝了他的请求。后来经过朋友的引荐，巴甫洛夫才进入了军医学校。

巴甫洛夫在圣彼得堡军医学校，一切从零开始，矢志不渝，取得了优异成绩。1883年，34岁的巴甫洛夫毕业于军医学校，鉴于他学业成绩，特别是生理学成绩超群，因而学校留他以见习医生的身份继续研究生理学。军医学校充足的研究经费和优良的实验条件，很快使巴甫洛夫脱颖而出了。

巴甫洛夫

有一天,巴甫洛夫正要去实验室进行实验,收到了德国生理学权威卡尔·鲁德威教授的来信。他在研究生理学时,曾经多少次阅读鲁德威教授的著作,今天,收到这位生理学权威人士的信函,真是喜从天降。

原来,鲁德威教授在一本科学杂志上看到巴甫洛夫发表的《腺之秘密》论文以后,非常赏识他,他此次来信是为了询问详细的实验情况及巴甫洛夫的研究进展情况,巴甫洛夫向鲁德威教授全面汇报了自己的研究情况及进一步研究设想。一个世界知名的生理学权威怎么会器重一个见习医生呢。巴甫洛夫对此不敢有半点奢望。

巴甫洛夫全身心地在研究消化生理学。经过不断的失败和挫折,他养成了严谨的科学态度和灵巧的

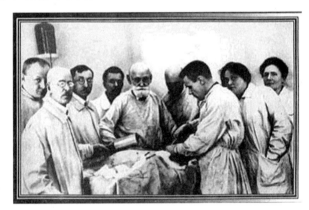

巴甫洛夫在进行研究工作

手术技能,这为他取得成功提供了重要保证,不久,他所做的动物胃管就很有名气了。巴甫洛夫可以在血液和神经正常供应下,不仅在胃,而且在唾液腺、胰和小肠等部分经过他的

手术做成瘘管。人们可以通过动物的瘘管向外边分泌出的消化液,来观察动物的消化生理过程。

有一天,巴甫洛夫受到鲁德威教授的邀请,让他前往德国进行学术交流。可是,实验工作实在离不开巴甫洛夫医生,欧洲之行一直拖到1889年。巴甫洛夫40岁时来到了生理学研究中心德国柏

巴甫洛夫在实验室

林。这时他对消化作用和颅神经作用之间关系的生理研究成功,使他举世闻名。鲁德威及德国生理学家们热情劝说巴甫洛夫在德国进行研究,为了了解德国同行们的工作和向他们学习,巴甫洛夫暂时在柏林居住了一段时间。

不久,圣彼得堡大学再三致函邀请他回国担任实验医药学院生理研究所主任。巴甫洛夫看到俄国和欧洲科学研究的巨大差距,婉言拒绝了德国生理学家们的劝留,回到了圣彼得堡。

巴甫洛夫在圣彼得堡大学的生理研究所里,开展了神经系统的研究。他为了研究生理反射作用而饲养了几条狗,每天亲自喂食并进行实验观察。巴甫洛夫用手术在狗的胃部

做成了一个瘘管,通过喂食、打铃和唾液分泌之间的联系来说明动物的条件反射现象。巴甫洛夫每次给狗喂食时,同时摇铃并且从瘘管收集消化液,他观察到,通过喂食和打铃同时化的训练可以在大脑中建立条件反射。最终,只要动物大脑听见铃声,即使没有食物,消化系统也会分泌出消化液。

巴甫洛夫采用严谨的科学方法,以瘘管收集的消化液为指标,成功地证明了条件反射可以由训练得到。由于生物本身具备条件反射形成的生理基础,而建立条件反射又是后天能实现的,因此条件反射的概念影响甚广,不仅涉及生理学,还涉及心理学、精神病学甚至教育学。

巴甫洛夫在生理研究所,对血液循环的生理作用进行了深刻地研究。在世纪之交,巴甫洛夫已经成为最伟大的生理学家。1904 年,巴甫洛夫以消化腺的功用理论研究,荣获诺贝尔医学和生理学奖金;1905 年,俄国科学院选举他为最高级科学院士;1907 年,英国

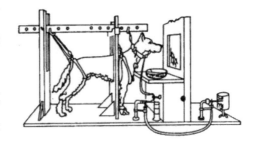

研究的实验装置

皇家学会选举他为外籍会员。此后,包括牛津大学在内的世界各国著名大学,纷纷选派最优秀的学生,前往俄国追随巴甫洛夫学习和研究医学生理学。

从 1908 年开始,巴甫洛夫每讲授一小时课的讲义,都会立即被译成英、德、法文分发给各国学府,巴甫洛夫可谓桃李满天下。

1928 年,科学界在伦敦隆重纪念解剖生理学家哈维诞生350 周年,巴甫洛夫受到各国生理学家的联名邀请。离开了苏联,抵达英国。人们都认为巴甫洛夫是哈维再世,给予他最高的赞誉。

巴甫洛夫的条件反射理论,回答了"望梅是否可以解渴"等的神经系统在生理行为中的作用、机制问题,获得了 20 世纪初期生理学的最高成就。他的这一理论经过维纳控制论的补充,内容焕然一新,成为当代关于脑功能理论的重要组成部分。

巴甫洛夫热爱科学,献身实验,井井有条和循序渐进地度过了自己的一生,为人类做出了重大贡献。1936 年 2 月 27日,巴甫洛夫因病逝世于英国伦敦,享年 87 岁。

名句箴言

阅读一本不适合自己阅读的书，比不阅读还要坏。我们必须会这样一种本领，选择最有价值、最适合自己所需要的读物。

——别林斯基

走进叶绿素的奇妙世界

爱因斯坦，是世界上最有名的物理学家。他所创立的相对论，是科学发展史上的一个重要里程碑。而才华不亚于爱因斯坦的德国有机化学家理查德·威尔斯泰特，知道他的人也许就不多了。

1872 年 8 月 13 日威尔斯泰特出生在德国的卡尔斯鲁。自幼就喜欢独自到城外的林地里玩。因为别人家的孩子总是欺负他，用不堪入耳的话对他进行谩骂，向他扔石头，军人的孩子更是凶狠。

威尔斯泰特是犹太人，所以他不得不忍受各种侮辱，听任折磨而尽量不刺激任何人和不让人注意。在学校里，教师们也不怎么注意他。在班级上，同学们都是按照字母的顺序排座位的，唯独威尔斯泰特总是坐在最后一个位子上。老师们的目光很少注意到那里，对他们来说，威尔斯泰特似乎并不存在。可是，这种环境却使他养成了顽强的性格，尽管老师没有把他放在眼里，但是，他自己却对学习特别专心、用功，而且还有独特的兴趣。在他的房间里放着几只木箱，里面装着他的珍藏品，对别人说来，这

威尔斯泰特

都是极其普通的东西，然而，对威尔斯泰特来说，却是宝贝。他特别珍惜他 8 岁那年收到的一件礼物——马丁斯写的一本《博物志》。后来，他读到罗斯科和肖莱马编写的化学教科书时，对化学发生了兴趣。

　　1890 年秋天,威尔斯泰特考入慕尼黑工业学院,受到著名化学家米勒、拜耳、艾因霍恩等影响,开始从事有机化学的研究。26 岁时,他发现了一些植物中存在的含氮有机碱的化学组成。三年后,他又研究出人工制造这些植物碱的化学方法,引起了化学界的震动。1901 年,被提升为教授。

　　1901 年 夏,威尔斯泰特应邀参观路易港。路易港的巴登苯胺和制碱工业公司主要生产染料、化学制品等。这次参观对于威尔斯

路易港

泰特来说等于上了一堂很好的化学课,在这里,他通过实践看到,怎样把一个化学反应实现工业化生产。在这个过程中会出现许多原来在实验室里完全没有考虑到的重大问题。例如,在实验室的条件下,每进行一次新的合成试验时,都要测定产率,但却很少要求测定的精确度达到 1%。在生产中,1% 却意味着几十吨的物资,意味着成千马克的利润。在路易港的实验室里,威尔斯泰特接触到不少他当时全然不懂的另外一些问题。

　　公司的染料专家尤利乌斯博士说道:"我们至今没有弄

清楚,物质的颜色是怎样产生的。现在有一种理论认为,凡是带颜色的物质,在其分子中皆含有双键,而且分子中双键的数目越多,物质的颜色就越深。另一方面还有人认为,在分子中存在某些原子团,同样也是物体显色的原因。"

"是的,这就是所谓的生色团。"威尔斯泰特打断了尤利乌斯的话。

"可是,生色团又怎样影响着物质颜色的变化呢?我们能否预先就知道,在某个化合物里,需要含有什么样的生色团,才能使它具有相应的颜色呢?而对于这个问题,目前我们还无法作出解答。"

新的学年开始了,工作特别紧张。威尔斯泰特不愿意放弃对生物碱的研究工作,可是,一些新的问题又等待着他去解决。应当合成一些在分子中含有双链的化合物,以便确定,物质具有颜色是不是由于分子中存在双键的缘故。经过几年的努力,他终于发现了从煤焦油中提取出来的苯胺染料的化学组成,并完成了一系列的重要发现。接着,他又向新的高峰进军,开始研究叶绿素的化学结构。

18世纪以后,科学家发现绿叶能够捕捉阳光和贮藏阳光。1771年8月18日,英国化学家普利斯特里把薄荷的枝叶放在玻璃罩下面,事先在里边点燃了一支小蜡烛。这时蜡烛的光焰没有熄灭,同时放进去的一只老鼠也没有被闷死。过了些时候,罩子里面的蜡烛突然变得更亮了,那只老鼠也活蹦乱跳地跑来跑去。这说明薄荷澄清了污浊空气,就是我们现在所说的二氧化碳气体。

普利斯特里通过各种实验,发现一种奇怪的现象:薄荷有时也能加快蜡烛的熄灭。这是什么原因呢?他始终没有弄清其中的奥妙。几年以后,荷兰人英根古士得出结论:在光亮下,植物会使空气清新;在黑暗处,植物和动物一样,由于呼吸会使空气变得污浊。

两年后,日内瓦的一位牧师约翰·谢内别在自己的小书房里,摆满了各种奇形怪状的石块、假鸟、假兽和栽种秧苗的盆罐,盆中放有几根玻璃管,透过玻璃管,可以看见有浸在水里的植物嫩枝。有一次,他好奇地拿起一根小管子,把气吹进水里,再看水中那碧绿的嫩枝:啊!珍珠满布在枝叶的周围。这究竟是什么呢?这个发现引起了牧师的兴趣。他小心翼翼地把这些银色的气泡统统收集起来,然后把冒烟的干木柴放在新找到的气体中,突然火花迸发,木柴一下子就燃烧起来,这难道不就是新鲜空气,或者说就是氧气吗?

当时很多人都不相信这个事实。他们认为,空气里的二氧化碳总共不过 0.5%,哪里来的二氧化碳去供应植物呢?这似乎是难以置信的。19 世纪 40 年代,这个秘密才被彻底揭开:植物分解空气中的二氧化碳,取得构成本身躯体的基本物质——碳,同时放出氧,游离到大气中间。人和整个动物界一样,其食物的不断供应都是由植物界输送来的,更正确地说,是从绿色植物输送来的。绿色植物为了自身,也为了大地上整个动物界而制造着食物,当太阳照耀的时候,在绿色植物的内部,每时每刻都在完成当时世界上所有化学家在实验室里难以实现的事情:从自然界的最简单的无机物质中构成有机物的躯体。

植物不仅供给人类食物,还供给所有人氧气。如果没有不断输出氧气的绿色植物,空气中就不会有氧气。我们呼吸的时候,动物呼吸的时候,在燃烧的时候,所有氧化物形成的时候……氧都在被不

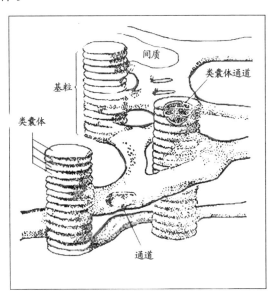

间质

类囊体通道

基粒

类囊体

通道

叶绿体内膜的立体结构

断消耗着。如果植物绝迹,那就没有什么东西来补充氧的储藏量了,那么,地球就会变成一个覆盖着窒息气层、死气沉沉的行星。这种窒息气层,远在地球上面还未出现生物,绿色植物还没有以它精细的工作来创造出我们的"呼吸环境"——大气时,曾经一度围绕着地球。

这个神秘过程的起点就是光合作用,而光合作用正是依靠绿色植物中的叶绿素。叶绿素是一种多么奇妙的物质啊!威尔斯泰特所选取的,正是这一高难度的课题。经过 20 多年的艰苦研究,威尔斯泰特发现在绿叶细胞中以 3∶1 的量存在的叶绿素 a 及 b,都是镁的络合物,属于卟啉系化合物,从而彻底揭示了它的化学结构。

威尔斯泰特以科学的力量雄辩地证明了万物不是上帝创造的,驳斥了唯心主义和宗教主义的谬论,并为有机化学开创了崭新的篇章。因而,他于 1915 年获得了科学最高奖——诺贝尔化学奖。

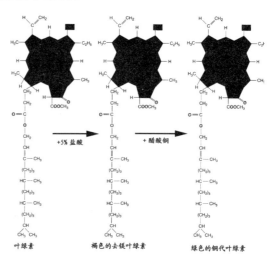

叶绿素

威尔斯泰特于 1912 年荣任德国最高学府——德皇威廉研究所所长。1916 年,贝耶尔教授病倒后,威尔斯泰特遵照师长的嘱咐,放弃了荣誉和高薪,回到慕尼黑母校继任贝耶尔教授的职位。正当他事业如火如荼的时候,遭到希特勒政权的破坏,不幸于 1942 年 8 月 3 日在流亡中去世。

名句箴言

书犹药也，善读之可以医愚。

——刘向

奏响糖尿病患者的福音

到20世纪20年代，医生治疗糖尿病的最先进方法还是控制饮食，成千上万的糖尿病患者，为了活命不得不靠比死亡还残酷的慢性饥饿，来苟延残喘，患病前本来是一位彪形大汉，临死时却骨瘦如柴。20世纪20年代初，一位勇敢的加拿大青年医生，展开了与糖尿病的英勇搏斗。在同伴们的支持下，他成功了，他胜利了，这位勇敢的加拿大青年医生就是弗里德里克·班廷。

1891年11月14日,班廷生在加拿大的阿利斯顿。班廷的母亲生他时留下了病根,从此缠绵床笫,眼看着母亲的病痛,班廷幼小的心灵,留下了深深创伤。他每天放学回家,绕道去药房为母亲取药。在家里,他总是伏在母亲的床前做功课,时而为母亲读报纸、讲新闻,时而陪母亲聊聊天,十分孝顺,他常对母亲说:"我长大了一定要做一个出色的医生,把妈妈的病治好!"

班廷

18岁时,班廷以优异的成绩,考入了多伦多医学院,他决心实现儿时的诺言,他在医学院里的成绩总是名列前茅。人们议论说,班廷将来一定会成为一位名医,班廷正是朝着这个目标努力。可惜,班廷的母亲等不到他成为名医,在他读大学的第二年,患重病去世了。班廷在日记里倾诉着他对母亲的眷恋,以及丧母创痛对他学业的激励,日记中这样写道:"我一看到放置案头的母亲遗像,特别是她那忍着病痛的微笑,心里好像一亮,医学上好些难记的名词,一下子就牢记在心了。"

班廷毕业那年,正处于第一次世界大战期间,前方急需医生,他应征入伍。作为一名优秀的外科医生,他在欧洲战场上挽救了许多官兵的生命。当他自己胳膊上带着一块很深的弹伤,从前线回来时,对主张为他截去那只胳膊以保全性命的外科医生大喊:"请无论如何也要留下这只胳膊,因为我就是一名外科医生,我不能没有胳膊,否则我的生命就没有意义了!"

战争结束后,班廷回到美洲,在加拿大安大略郊区,开设了一座诊所,挂牌诊病。和

安大略

平时期外科手术极少,班廷开业 28 天,才来了第一名病人,开业一个月后,总共才挣了 4 美元。为了糊口,他在安大略州医学院找到了一个实验示范教员的临时工作……

班廷做事非常认真,每次备课都十分用心,力图把医学实验示范搞得深刻有趣。1920 年 10 月底的一个夜晚,偶然的一次奇思妙想,改变了他的人生道路。那天晚上,他必须为胰脏的功能准备示范实验。胰脏在消化食物方面具有重

要作用,教科书上称它是一座了不起的多功能的小"发酵工厂",有一种神秘的分泌液,经由胰管流入小肠,它能够帮助人体消化糖,分解脂肪和蛋白质供人体吸收和使用。人如果没有胰脏,就会得糖尿病而死掉。

1899 年,德国医生冯·梅林和闵考斯基,把狗的胰脏全部切除,然后缝合伤口,进行观察;数日后那只狗难以置信地

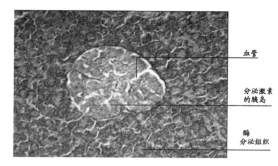

血管

分泌激素的胰岛

酶分泌组织

胰岛

消瘦下去,无精打采、四肢无力,只剩下抬头喝口水的力气,不久终于倒下,狗死于"糖尿病"。

班廷不停地研读教科书,为了扩大实验课的背景知识,班廷又阅读了德国病理学家兰格亨斯的论文。兰格亨斯发现在胰脏中存在着一些细小细胞团,在显微镜下观察它们像海洋中漂浮的小岛,因而被称为"兰格亨斯氏岛",即"胰岛"。

班廷准备通过示范实验告诉学生胰岛细胞的正常活动能保障人体不得糖尿病。实验证明,即使把狗的胰管扎住,不使一滴消化液流出,只要有胰岛的健康存在,狗也不会得糖尿病,这确实是奇妙的生理现象!

两天后,班廷从医学杂志上偶然看到一篇关于胰脏和糖

尿病的报告。班廷联想到备课内容,突然,头脑中闪出了一个念头,"能不能为治愈糖尿病做点贡献呢?"此时此刻的班廷,已经达到物我两忘的境界。他忘记自己是一名正在惨淡经营的外科医生,收入低微,不得不临时讲课维持生计……

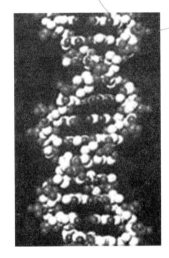

胰岛细胞

班廷是外科医生,而糖尿病是典型的内科疾病,关于糖尿病是如何置人于死的问题,许多生理学家和生化专家,早已写过大量的论著。可是,整个欧洲和美国有几百万糖尿病患者,成千的病人正在死去。这一事实激励着班廷去攻克这座顽固的堡垒。想到得了糖尿病的人总是口渴要喝水,喝了还渴,总是肚子饿,吃了还饿,以及这些人的身体在可怕的糖的河流中消瘦,死去。班廷心里抽搐了一下,作为医生不能解除病人的痛苦,那还算什么医生!

班廷开始对狗进行研究

班廷思来想去,似乎悟出了一些道理:"能不能将胰岛及其体液提取出来,看看它们能不能使已经全部切除了胰脏、且患糖尿病的狗活下去呢?"

班廷决定到多伦多大学医学院生理系,找著名的麦克洛德教授,他在胰脏生理和病理方面是数一数二的,只要说服他就可以为自己进行实验创造必不可少的条件。为此,班廷不顾老师、著名的外科医生斯塔尔等亲朋好友的劝阻,关闭了诊所,不再教书,专门搞研究去了。

1921年春天,班廷说服了大名鼎鼎的麦克洛德教授,向他提出很容易得到满足的实验条件:10条狗,一名助手,做8个星期实验。

麦克洛德教授不多也不少地满足了班廷的要求,为此他也闻名于后世。

1921年5月16日,班廷在多伦多医学院大楼一间狭窄、阴暗的小房间里开始实验,他有了10条供实验的狗和一名实验助手,这位助手是年轻的不满21岁的医科学生查尔斯·贝斯特。

班廷要在8个星期内,解决医学上一个最复杂的难题。幸运的是麦克洛德教授派来的助手贝斯特,对生化十分熟悉,他对测定狗的体液和血液中确切的含糖量等问题,易如反掌。而班廷这方面的实验操作知识,可以说是一无所知,但他是一位极其出色的外科医生,他进行的手术可说是无可挑剔。两位初生牛犊不怕虎的年轻人,开始了对糖尿病的冲击……

生物化学发展简史

班廷原计划的8个星期过去了,贝斯特的报酬也没有人支付了,可是两位年轻人从失败中看到了成功的希望。他们俩乘麦克洛德去欧洲讲学的机会,不要报酬,又干了起来。他们从狗的胰脏中提取胰岛细胞物质,注射到已经被切除胰脏的狗的体内,这一步骤十分复杂,两个人在黑暗中摸索前进。一条狗死掉了,又一条狗也死掉了……直到最后,他们终于以胰脏抽取物救活了一条切除胰脏的92号实验狗。

班廷和贝斯特通过反复实验,终于发现胰岛提取物具有维持糖尿病狗生命的作用。可是,为了维持一条狗,却用了五条狗的胰脏,这就是说,杀掉五条狗才能使一条狗维持生命,还有什么比这更荒唐、更残忍的事呢?

班廷没有做实验的狗了,困难又一次向他们走来。终于他们想到了屠宰场。不久,他和贝斯特从屠宰场带回来9只牛的胰脏。经过处置、洗涤、消毒和提取,结果完全和他们的预想一致,给第一条患糖尿病的狗注射牛胰脏的提取物以后,狗的高血糖直线下降了。

实验变得顺利了,班廷和贝斯特已从在狗身上做实验转到了人身上。谁来做第一次实验呢?尽管动物实验是没有危险的,但谁能打包票用在人身上就一定没有危险?班廷和贝斯特不愧是医学事业的献身者,班廷决定先给自己打一针胰脏提取物,贝斯特也坚持要这样做,因为他们已经是共患难的伙伴了。

　　两个人先后以自己身体做了人体实验,证明这种能够救活狗的东西,对人体也是无害的,他们要将这种胰脏提取物用在病人身上了。乔是班廷在医学院时的同学,忽然得了严重的糖尿病,本来性格开朗的乔,得了这种病后变得郁郁寡欢。因为他也是医生,知道医学界至今对糖尿病束手无策。他一直采用饥饿疗法,乔的饮食量不及一个婴儿,勉强凑合地活着,1921年秋天,他碰上了老同学班廷。班廷对他说:"乔,没准我很快能给你一种药!"乔对熟悉的班廷并没有抱多大希望,以为班廷只是在安慰自己,只是苦笑了一下。10月份,乔染上流感,糖尿病患者最怕得感冒,乔的生命处于千钧一发的关头了,已做完人体实验的班廷,再也不能无动于衷了。1922年2月8日,乔来到班廷和贝斯特的实验室。他们马上给乔注射一针胰脏提取物,大家坐下来等待效果,一小时,两小时,不见效果。班廷再次陷入困境,他不敢正眼看乔,径直地跑出大门。他失望了,这是一个大失败,还是老问题,对狗有效,对人无效……班廷太性急,贝斯特劝乔留下,耐心地说:"乔,让我们再做一次。"乔不愧是一位医生出身的患者,贝斯特的耐性也堪称世界第一。两个人又安下心来等待结果……乔逐渐感觉好多了,几个月来他第一次觉得自己的头脑突然清醒了,两腿不再有沉重感。贝斯特冲出大门,将这一消息告诉了班廷。乔吃了几年来第一顿正经的晚餐,三个人都以为他痊愈了,可是第二天乔的两腿又沉得不行。

没有关系,班廷和贝斯特又让乔再回去打一针。可是到最后,乔的几次反复,用尽了班廷和贝斯特手里的这种胰脏提取物针剂。班廷、贝斯特,还有那可怜的乔,又陷入困境。

麦克洛德教授,这时已经意识到,这两个毛头小伙子实际上完成了生理学家宣告彻底失败的事业。麦克洛德教授暂时丢下手头的研究,带领全体助手,投入班廷和贝斯特进行的工作,他做的第一件事,就是将胰脏提取物改名为"胰岛素",全体人员分成几路人马,胰岛素研究速度加快。不久,班廷前往美国纽黑文参加全美医学大会,在会上由于发言时间受限制,同时又因为紧张,他结结巴巴地宣读了胰岛素的论文。消息传了出去,就有人找上门来。像一窝蜂似的,人人都要胰岛素。这东西实在太重要了,那些濒临死亡的人抱着一线希望

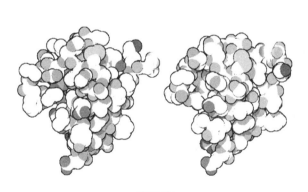

胰岛素

找上门来,结果发现他们原来不过是抓了一根稻草,班廷他们制得的胰岛素太少了,而希望得到胰岛素的人们又太多了。

　　班廷和贝斯特在试管里搞成的东西,进行商业性的大批量生产却不行。这时,从阿尔伯塔大学主动前来援助的科利普大夫,参加了大量制取胰岛素的挑战性工作。他接替了这时已经手足无措的班廷和贝斯特。班廷认真地给科利普大夫做示范,怎样用低浓度酒精从胰脏中提取出胰岛素这种救命物质,又如何以高浓度的酒精加以纯化。大量制取胰岛素,成为多伦多大学医学系全体人员的希冀。

　　这期间,麦克洛德教授前往美国,出席美国内科医生最权威的机构美国医师协会的会议。麦克洛德教授向协会报告了特大喜讯:找到了医治糖尿病的一种方法。会议结束以后,这消息不胫而走,胰岛素成了世界上传诵最多的词汇。

　　麦克洛德开始进行大批量生产胰岛素的工作,但是由于胰岛素是一种蛋白质,很难分离出结晶状供注射用的制剂,工作遇到了麻烦。麦克洛德宣布的

牛胰岛素结晶

论文,却为班廷和贝斯特、科利普呼唤来了一大批同盟军,全世界各个医学实验室,都在进行制取胰岛素的工作。

生物化学发展简史

　　1925 年，美国生物化学家阿贝尔，终于制得了胰岛素的结晶。后来，贝斯特、科利普等人也在制取胰岛素技术上，先后取得重要突破。一批一批毒性更小、药性更强的胰岛素，制取出来了。当时，患有糖尿病的患者只需注射一支胰岛素，就可以缓解病情，过一段时间病重再注射一支胰岛素……尽管糖尿病患者的手臂、腿和屁股上，到处都是针眼，甚至没有地方再打针了，可是他们都活着，也不用饿肚子。

　　胰岛素的发现者们又开始走上研制浓缩的胰岛素之路。它的成功几乎可以使病人完全康复。由于糖尿病在发现胰岛素之前，被视为最难根治的疾病，并且加拿大政府鉴于全球学者无不珍视班廷的发现，所以拨巨款资助班廷，海内外的热心捐款者，也纷纷赠款给班廷。

　　1930 年，班廷糖尿病研究院在多伦多创立，班廷出任该院院长。1941 年 2 月 21 日，班廷因飞机失事不幸遇难于纽芬兰东海岸。

名句箴言

生活里没有书籍，就好像没有阳光；智慧里没有书籍，就好像鸟儿没有翅膀。

——莎士比亚

发明神奇的盘尼西林

在 1984 年 3 月 1 日，亚历山大·弗莱明的最早论文复写本以 2010 镑的惊人高价被人买走了。这篇论文是关于青霉素即盘尼西林抗菌剂的著名论文，多少年来，它是收藏家梦寐以求的收藏珍品。弗莱明是世界科技史上一位传奇式的人物，他发现了溶菌酶和盘尼西林，挽救了数以亿计的人们的生命,曾荣获 1945 年诺贝尔奖。收藏家们认为,这篇题为《关于盘尼西林培养液的抗菌作用》的论文,具有普度众生的魔力。

亚历山大·弗莱明

自从近代科学技术诞生以来,人类发明了难以计数的各种药物,但盘尼西林自始至终药效不减。它具有广谱的抗菌功能,无副作用和不使病菌产生抗药作用等优点。从它诞生之日起,人们就将它视为"神药"。

亚历山大·弗莱明,1881 年生于英国爱尔沙哑的一座农庄,他父亲是一个庄园主,爱好自然科学。14 岁时,弗莱明遵父命到伦敦去同他那当医生的兄弟住在一起,随后在一家船运事务所当小工。后来,弗莱明继承了一笔为数不多的遗产,得以在圣玛丽医院学医。学习期间,聪颖的弗莱明差不多取得了所有的奖金和奖学金,1906 年以优异的成绩毕业,成了一名医生。离开了圣玛丽医院以后,弗莱明在赖特的预防接种站里找到一份临时工作,在那里一待就是半个世纪。

赖特笃信疫苗能够抵抗细菌入侵,长期热情地从事研究工作。他的接种站的经济来源,在很大程度上依靠出卖疫苗收入。弗莱明进入赖特预防接种站不久,很快便成为研究小组中一名能干的成员,他发明了一些新的研究方法,制作了一些仪器,赢得了赖特先生和同伴们的赞许;与此同时,弗莱明还成了研究梅毒和用注射洒尔福散治疗梅毒的专家。

第一次世界大战爆发了,弗莱明和赖特一起去战地医院服务,从事伤口感染的治疗。弗莱明的研究没有因战争而中断,他把研究传染病的热情转移到研究防治伤口感染上,这使他很快就抓住了问题的要害。

为了防止伤员伤口感染,医生们对伤员伤口做了外科处理,进行消毒灭菌,大家一致以为不会出现伤口感染。可是,几天之后竟有一些伤员因伤口感染、化脓而死去,这使弗莱明异常震惊。从此弗莱明把注意力集中到给伤员敷用的抗菌剂本身上了,经过精心的观察和反复实验,弗莱明找到了罪魁祸首。原来,当时医疗所用的抗菌剂,事实上是"有毒"的,为此他发明了用来给新的抗菌剂评估的试验方法,他们的工作非常出色,弗莱明所在的战地医院成为防止伤口感染最佳医院。战争结束了,弗莱明又回到了赖特接种站,从事他心爱的研究工作。战争使赖特接种站的伙伴们减员了,但战后重建工作又为站里增添了新生力量。不久,艾利森大夫成了弗莱明的助手,两人配合默契,工作很有成效。

弗莱明和艾利森于1921年发现了溶菌酶。溶菌酶是一种大量分布在动植物组织中、能够溶解病菌的生物酶。当时,弗莱明和助手正在做一项生物培养抗菌试验。当弗莱明观察培养液时,培养液板恰好被一种十分稀少的生物孢子污染。机遇偏爱有准备的头脑,这种偶然的

青霉素

现象一下子把弗莱明的注意力吸引到早先并不认识的具有溶菌作用的酶上。随即,弗莱明转向酶的研究上,他同艾利森一起对溶菌酶开展试验研究,为后来发现青霉素奠定了雄厚的基础。弗莱明和他的助手研究了7年溶菌酶,本以为它能够成为一种重要的疫苗或有效的药物,然而,可以说他们的目的没有达到。这是因为溶菌酶在病原生物方面几乎不起丝毫作用。科学研究总是面临成功与失败,而且失败的总量总是大于成功的总量,失败固然可惜,但宝贵的经验却是千金难买的,没有失败经验的人,不可能尝到成功的甜头。

事实上,弗莱明已经打开了通向盘尼西林的大门。1928年,弗莱明发现了盘尼西林,完成了科技史上彪炳千秋的功业。

1928年的一天,弗莱明来到实验室,观察他度假之前搁放在工作台上的一堆盛有培养液的表面皿。他望着生毛发霉的试验器皿有些追悔莫及,应该在度假之前就把这些东西收拾好,他丢弃了这些不能再用的东西。过了不久,弗莱明重新取回其中的一些器皿,作进一步观察。其中一个试验皿经过第二次仔细检查之后,显现出这样一种现象:靠近一团霉菌的一些葡萄球菌落,明显地被溶解掉了。也许这时弗莱明脑子里已经有了溶菌酶的概念,特别是经历失败的宝贵经验,他决定将这些菌落进一步培养观察,并作进一步深入的研究,于是发现盘尼西林的历史开始了!

1928年10月30日,弗莱明记录了有关霉菌试验的情况。弗莱明将霉菌苗落在常温下放在盘中培养了5天,再将其他多种生物培养液以条状穿过菌落,然后再用培养液加以培养。他把结果记录下来了:"某些生物体直接朝霉菌生长,

弗莱明在仔细观察霉菌

甚至越过并覆盖住了霉菌;而葡萄球菌却在霉菌前 2.5 厘米处停下了。"在随后的一次试验中,弗莱明把装有混浊的葡萄球菌悬浊体瓶中加入一些霉菌培养液,并进行培养观察,3 小时之后悬浊体混浊液开始变清了。

弗莱明写下了这样一句使他誉满全球的话:"这表明在霉菌培养液中包含着有对葡萄球菌有溶菌作用的某种物质。"这"某种物质"后来被命名为盘尼西林。

葡萄球菌是一种可以致病的细菌,许多疾病就是它导致的。1928 年的圣诞节很快就要到了,处于兴奋状态的弗莱明,盘算着 1929 年在盘尼西林研究中作出怎样的成绩。

1929 年 1~6 月,弗莱明和他的助手里德利、克莱道克一块儿,研究了命名为盘尼西林霉菌的活动情况。盘尼西林能够生存在许多种不同的生物体中,生命力极强,经过试验证明它对活细胞无毒害作用,一系列试验结果简直使弗莱明高极了。他认为盘尼西林就是他梦寐以求的"完美无缺的抗菌剂"。

1929 年 5 月 10 日,弗莱明将他有关盘尼西林的论文,正式提交出版,这一版的复写本就是收藏家以高价买走的珍本。论文的发表并没有立即给弗莱明带来荣誉和地位。一些试验结果使弗莱明把盘尼西林作为一种全身或局部性抗菌剂的希望破灭了。这些试验显示了它的弱点,盘尼西林花了 4 个多小时,才能把细菌杀死;在血清存在的情况下,盘尼西林几乎完全丧失杀菌能力；如果盘尼西林通过静脉注射到兔子身上，30 分钟之后就会消失在血液中，并不能穿过感染的组织，因而不能将表层下面的细菌消灭。

弗莱明感到继续研究盘尼西林在临床上的使用，恐怕是一件得不偿失的事了。因此他没有去作关键性的动物保护性试验，而这些试验极有可能揭示出盘尼西林所真正具有的杀菌功能。从此，弗莱明放慢了研究盘尼西林的工作速度。

1930 年以后的 10 年中，弗莱明发表了 27 篇论文，他一直将盘尼西林用于出售的疫苗生产中，他并不鼓励别人去作盘尼西林的提纯工作，他自己对此也毫无兴趣。1936 年，磺胺第一次在世上出现时，更使得盘尼西林黯然无光，人们几乎忘却了盘尼西林。然而，第一篇关于盘尼西林的文章发表了，以后的盘尼西林论文又陆续发表了。从 1933 年开始，一位名叫欧内斯特·金的化学家专门研究酶，是他使盘尼西林焕发了青春。他在收集文献时发现了弗莱明的盘尼西林论文，他对弗莱明关于溶菌酶的设想十分感兴趣，他随即又将论文送交弗洛里。盘尼西林开始显示它的效力了。不久之后，弗洛里证明盘尼西林既不是溶素，也不是一种酶。但他对盘尼西林的抗菌效力十分满意。

弗洛里于 1940 年 5 月 25 日进行了动物保护性试验，证实了弗莱明的盘尼西林菌株具有强大的杀菌作用。这进一步鼓舞了弗洛里，他几乎把牛津大学里的系，变成一个进一步将盘尼西林用于临床试验的工厂。第二年,提纯盘尼西林的工厂果然开业。不久,弗洛里将纯化后的盘尼西林用于人体病员身上,取得了明显的效果,但遗憾的是他们发表的成果报告并没有引起公众的多大兴趣和反响,甚至连弗莱明本人对此也不置可否。

1942年8月,弗莱明的一位朋友患了脑膜炎,虽经磺胺药物治疗,但仍无效果。弗莱

弗莱明

明最后决定采用盘尼西林来做最后的尝试。他向弗洛里求援,弗洛里为他提供了一些盘尼西林并告诉他如何使用。用药之后,濒临死亡边缘的病人,奇迹般地恢复了健康。这位社会知名人士使弗莱明大夫马上成了无数家报纸采访的中心人物,盘尼西林立刻成了新闻界的宠儿。随即,盘尼西林治疗各种疾病的神奇功能,在欧洲盛行。

1945年,弗莱明同弗洛里、欧内斯特·金获得了诺贝尔医学和生理学奖。在这以后的10年里,弗莱明继续攀登在

充满着胜利和成功的山路上,他曾经获得 15 个城市的荣誉市民的称号,25 个荣誉学位以及 140 多次重大奖赏、荣誉和奖励。弗莱明既是一位技艺超群的细菌学家,同时还是一位敏锐的、有鉴别力的观察家,他受到人类的永恒的尊敬。1955 年,弗莱明去世。

圣的。

只有人的劳动才是神

——高尔基

名句箴言

从鸡食中发现的秘密

荷兰著名医生艾克曼因发现维生素而获得了诺贝尔医学奖。1893年,艾克曼从阿姆斯特丹大学医学院毕业后,赴荷属东印度任军医。同年,艾克曼参加了荷兰政府组织的脚气病研究委员会。1896年,他从故乡坐船到达印度尼西亚的爪哇岛,考察这里正流行着的脚气病。这是一种很严重的脚气

69

病,人得了这种病,吃不下饭,睡不好觉,浑身没有力气,走路也不方便。奇怪的是,当地的许多鸡竟然也患上了这种病。艾克曼是个细菌学专家,他想,"脚气病这样普遍,是不是由细菌传染引起的呢?"他养起了一群鸡,对鸡进行了实验性研究。他用显微镜仔细观察从鸡各部位上

艾克曼

弄来的取样涂片,几年来都没发现任何脚气病菌的踪影。而他自己却得了脚气病,他用来做实验的一群鸡也得了这种病。鸡成批地死去了,只有一小部分活了下来。艾克曼医生曾用各种方式医疗那些生病的鸡,但都没有成效,奇怪的是,那些活下来的鸡,未经任何治疗,几个月后脚气病却自然而然地好了。"这是怎么一回事呢?我一定要弄清这秘密!"艾克曼医生天天守在那几只鸡旁,想找出其中的原因。有一天,艾克曼正蹲在鸡栏里观察鸡的活动情况。这时,新雇来的饲养员走过来喂鸡。艾克曼望着鸡群纷纷抢食的劲头,脑

子里忽然冒出了一个想法：这些鸡都是这位饲养员喂的，而这位饲养员来了只有两个多月，值得注意的是，正是这位饲养员来了两个多月以后，鸡的病才好了起来。这两个事情是偶然的巧合呢？还是有必然的某种联系？艾克曼决心从这里打开脚气病的缺口。他仔细调查了前后两个饲养员的情况。原来，前面的那个饲养员只图省事，总是用人吃剩的白米饭喂鸡；而新来的饲养员非常勤快，总是用一些拌着粗粮的饲料喂鸡。"原因是不是出在饲料里？"艾克曼脑中闪出一个念头。于是，他重新买了一批健康的鸡，分成两组饲养，

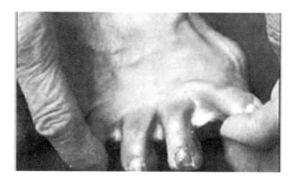

脚气病患者

一组鸡用白米饭喂食，一组鸡用粗饲料喂养。过了一个多月，预计的情况果然发生了：用白米饭喂养的鸡患了脚气病，而用粗饲料喂养的鸡却一直很健康。"问题就出在饲料上！"艾克曼做出了判断。接着，他又问自己"吃粗粮能不能治好人的脚气病呢？""这个实验从我身上做起。"艾克曼坚持吃起粗粮来，不多久，他的脚气病果然渐渐好了。艾克曼非常高兴，把这个方法推广开来。爪哇岛的居民都吃起了粗粮，患

脚气的人果然也一个个的好起来了。艾克曼并不满足于表面上的成功和收获，喜欢刨根问底的思维习惯鼓励着他进行深入的探寻。他冷静地分析，爪哇岛的人们习惯

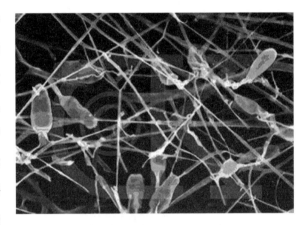

引起脚气的罪魁祸首——霉菌

吃精白米，而把米糠丢掉了。会不会就在扔掉的米糠中有一种重要物质，人缺乏这种东西就会得脚气病？带着这个问题，艾克曼对米糠进行了化验，最后终于发现和提取一种不为人们知道的特殊物质——"维生素"。

养品。

书籍是全人类的营

——莎士比亚

名句箴言

演绎神奇的DNA魔术

DNA 魔术能让兰花的培育像杂草那样容易,能让康乃馨开出圆点花纹的图案。

科学家们把某种特性基因植入植物体内。先对植物进行调节,以便剔除看起来像来源于异体的 DNA。

要让植物误认为这种新的 DNA 就是它自身结构的一部分是这项技术的关键。这其中包括一个相互交谈的过程。在此过程中,研究人员尽力清除DNA"杂质"。这个过程越简单,植物就越容易接受它。清理DNA过程中不要把所需的特性也在无意之中清理掉。科学家们采用各种方法把一些关键的基因信息从要删除的信息中挑选出来。

埃弗里

最新的方法尽管存在着一些难题,但与传统的杂交育种相比的确具有优势。传统的杂交繁育往往在产生一种所需特性的同时要以牺牲另一种特性为代价。转基因方法则允许科学家把这些特性组合起来。

DNA双螺旋结构的发现,破译了遗传密码,为生物技术的发展奠定了基础。

DNA双螺旋结构

人们通过长期的实验发现:生物体之间的遗传性是由一个因子决定的,但一直不知道究竟是什么因子。20世纪40年代以前,许多人一直认为

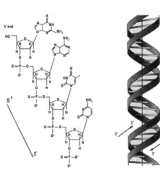

DAN

是蛋白质起决定作用。直到1944,年科学家埃弗里等人做的一个著名实验,才证明了决定这种遗传性的物质不是蛋白质,而是DNA。　埃弗里从有浸染活性的肺炎球菌中提取DNA,再将这些DNA和无浸染活性的肺炎球菌放在同一个培养基上培养。肺炎球菌有浸染活性时是带荚膜的光华菌落,无浸染活性时是不带荚膜的粗糙菌落。埃弗里在实验中发现,这些不具浸染能力的粗糙菌落变成了有浸染能力的光滑菌落,而且在这个转化过程中用专门降解蛋白质的酶处理后,转化照样进行,而用专门降解DNA的酶处理后,这种转化就无法进行。实验证明在这个转化过程中是DNA在起作用,而不是蛋白质。

DNA是除RNA病毒和RNA噬菌体外其他

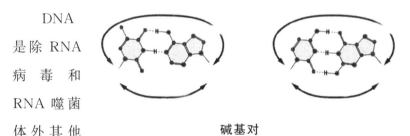

碱基对

所有生物遗传的物质基础,是一种脱氧核糖核酸。遗传的信息都贮存在DNA分子中,它直接决定生物体的遗传。孩子的长相有的地方像父亲,而有的地方像母亲,从本质上讲是因为孩子身上的DNA模板一半来自父亲,一半来自母亲。DNA把父母的遗传信息都带给了孩子,这就是我们常说的遗传。

遗传的物质基础问题解决之后,沃森和克里克于1953年根据碱基配对规律和DNA分子的X射线衍射图谱等实验结果,提出DNA分子结构的双螺旋模型。模型认为每股DNA链是由许多个单核苷酸借磷酸二酯键互相连接而成,每一个DNA分子是由两条方向相反、彼此平行的多聚核苷酸链组成,两条多聚核苷酸链都以右手螺旋的方式盘绕着同一中心轴,脱氧核糖和磷酸排列在其外侧;两条长链上的核苷酸是相对应的,其内侧的碱基相互配对,用氢键连接起来,即腺嘌呤(A)与胸腺嘧啶(T)借两个氢键连接,鸟嘌呤(G)与胞嘧啶(C)借三个氢键连接,形成一条双螺旋梯形结构,故称为DNA双螺旋。每对碱基都处于同一平面,与中心轴垂直,两个碱基平面相互平行,间距3.4埃(1埃等于10^{-10}米),螺旋的直径为20埃。DNA分子的长度就用碱基对数目来表示。这个模型合理的解释了DNA分子的复制、转录等过程,巩固了DNA作为基本遗传物质的地位。

DNA双螺旋结构的发现

DNA首先由德国生化学家米歇尔在1869年所发现。直到1953年其分子结构才由美国生物化学家詹姆斯·沃森、英国分子生物学家弗朗西斯·克里克和英国生物物理学家莫里丝·威尔金斯确定。这三位科学家因此共同获得

1962 年的诺贝尔生理学或医学奖。

20 世纪 30 年代初期,物理学家马克斯·德尔布吕克在探访柏林威廉皇帝研究所遗传学部时,遇到两位研究射线量与果蝇突变频繁程度之间的关系的同事。他们三人在一起长期讨论当时还相当抽象的孟德尔要素的本质。1935 年,他们共同发表他们的研究成果,其中内容包括突变可能是一个分子的变化,基因也不再是什么神秘的东西,而是一种物质的固定的单元,即遗传物质,加拿大细菌学家奥斯瓦德·埃弗里 1944 年将其确认为脱氧核糖核酸(DNA)。

由四个不同部分组成的 DNA 是怎样承担生命和遗传的复杂任务呢？1950 年德国生物化学家埃尔温·沙加夫对此问题的解决做出重要贡献:他发现四个组成部分的每两个部分是等量的,有一个 A 就有一个 T,有一个 C 就有一个 G。DNA 的"基础"显然是以双数存在的。

1944 年,奥地利物理学家埃尔温·施罗丁格尔出版了《什么是生命》的小册子,引起很大的轰动。他在书中从纯理论方面提出一种遗传密码。英国科学家弗朗西斯·克里克和莫里斯·威尔金斯认真阅读了施罗丁格尔的这本小册子,后来获得 20 世纪最重大的发明。

英国生物物理学家威尔金斯的 X 光绕射研究对于 DNA 分子的结构的确认也起到了举足轻重的作用。威尔金斯 1916 年 12 月 15 日出生于新西兰的旁哥罗阿,毕业于剑桥大学。1940 年获得伯明翰大学的物理学博士学位。1946 年加入伦敦京斯学院从事 DNA 的研究工作。

威尔金斯在二战后不久对 DNA 产生了浓厚的兴趣,并且观察到 DNA 的细微结构是一致的。为深入了解 DNA,他用 X 光绕射分析对 DNA 进行了研究,这是一种把结晶的物质暴露在 X 光下,然后研究其绕射图案的技术。运用这种技术,他发现了 DNA 的分子是有规律的,研究还显示 DNA 结构有可能是螺旋体。在此基础上,威尔金斯的同事——年轻的女物理化学家罗莎琳林德·富兰克林(1921～1958 年),在伦敦国王学院的威尔金斯实验室借助于伦琴射线进行 DNA 结构分析,证实这种结构是由一恒定的距离重复单位组成,并指出已知存在于 DNA 中的磷酸盐基团可能位于螺旋体的外部。

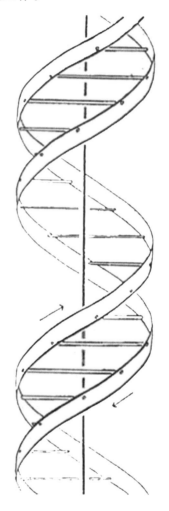

DNA 双螺旋结构示意图

通过生物化学分析，DNA 是由互生磷酸、糖类、含氮碱基以及连接糖的含氮碱基组成。再加上威尔金斯和富兰克林的绕射研究，沃森和克里克才得以构出 DNA 分子的结构模型。克里克在剑桥同美国生物学家沃森第一次会面后就决心单独研究 DNA 的结构。但是，他们没有从化学方面对该分子进行更多地研究。

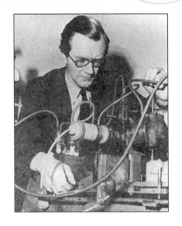

DNA 分析

克里克和沃森利用已掌握的沙加夫的理论和富兰克林的研究成果，开始进行这方面的工作：他们首先攒出一个大约两米高的双螺旋模型，以此从化学方面来解释孟德尔的理论。生物学研究再一次经历认识上的飞跃。他们的模型标明 DNA 是一个双螺旋的结构，很像一段螺旋的梯子。1953 年沃森和克里克发表其发现后，威尔金斯又近一步证明了沃森—克里克结构是能够解释绕射图案的唯一模型。

1928 年 4 月 6 日詹姆斯·沃

沃森

森出生在伊利诺伊州的芝加哥,1950年在印第安纳大学获动物学博士学位。1951年他在欧洲从事博士后工作时,看到威尔金斯对DNA的X射线绕射研究,因而对DNA分子结构发生了兴趣,不久在剑桥大学和克里克共同着手研究这一课题。他们研究了威尔金斯的X射线绕射现象和分子可能存在的立体化学结构,最终于1953年推出DNA分子模型。1956年,沃森开始到哈佛大学任教,1968年,担任纽约冷泉港量子生物实验室主任。

1916年6月8日,英国分子生物学家弗朗西斯·克里克生于英国的北安普敦。1937年,继续攻读物理博士。1939年第二次世界大战爆发后,克里克休学,在之后的八年中他一直参与英国海军的科学研究。战后,克里克转向生物学研究,他在剑桥大学异端研究室工作两年之后,于1949年转到以结晶技术研究

年轻时的弗朗西斯·克里克

巨分子结构著称的剑桥大学医学研究中心实验室,在那里,他对X光绕射模式的解释产生了浓厚的兴趣。1954年,克里克获得了博士学位,并成为该实验室的永久成员。

克里克是在沃森到剑桥之后才开始对核酸进行研究的，通过他们两人的密切合作，于1953年提出DNA的双螺旋结构。此后克里克开始研究DNA中的核苷酸是如何转化成为蛋白质中氨基酸的排列顺序的。他指出，氨基酸在还没有和核酸分子合并之前会先附着在对应模分子上。1956年，克里克与沃森再度合作提出了病毒结构的基本理论。同时，他也十分注意对几种纤维性蛋白质，特别是胶原蛋白质的结

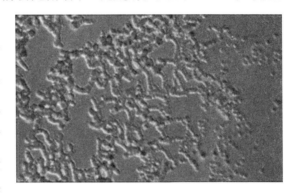

病毒

构的研究。1960～1964年，克里克和南非生物学家布伦纳一起研究细菌病毒的遗传，在研究中他们仔细挑选了几种变种，以观察合成单一氨基酸所需要的核苷酸的数目。这项遗传实验证明，每个氨基酸是由三个核苷酸以密码单位所组成，并在此之后又陆续发表了许多氨基酸的组合密码，做出了巨大的贡献。

1959年，克里克成为英国皇家协会的成员，并与他人一起共同创办了剑桥丘吉尔学院。克里克的著作有《论分子和人》以及多科学方面的论文。1962年，克里克成为加州索尔

克生物研究中心的客座研究员和伦敦大学学院的研究员。

克里克以螺旋结构说明了 X 光绕射的基本原理。此后，他提出了许多蛋白质 X 光绕射的说明和解释，他所提出的 DNA 结构和遗传密码的分解方法都对科学研究具有重要意义。

然而，在发现 DNA 双螺旋结构后，人们已经清楚地认识到基因的采集和翻译的过程不能无控制地进行。法国人弗朗索瓦·雅各布和雅克·莫诺于 1961 年指出 DNA 的分子"开关"支配着基因在一个复杂的结构中保持活跃或不活跃的状态。这是一个跟发现双螺旋一样有相似意义的突破。这一突破在 20 世纪最后 25 年内再次引发一场科学革命——基因技术。20 世纪 70 年代初，生物学家已经能从所有生物那里提取 DNA 切片。生物学最终从一门想要理解生命的分析科学突变成一门能改变生命并创造新的生物的合成科学。

遗传物质 DNA 的基本功能

遗传物质 DNA 的基本功能包括两方面：第一，通过复制在生物的传宗接代中传递遗传信息；第二，在后代的个体发育中能使遗传信息得以表达，从而使后代表现出与亲代相似的性状。

把遗传信息传给下一代是生命体维持种族延续的必要条件。即要把 DNA 分子稳定的传给后代。DNA 分子就要复制。DNA 的复制是指以亲代 DNA 分子为模板来合成子代 DNA 的过程。能够自我

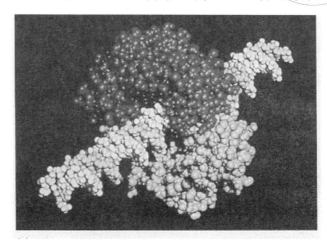

DNA **复制**

复制是遗传物质的重要特征之一。染色体能够复制,基因能够复制,归根结底是 DNA 能够复制。

DNA 的复制发生在细胞有丝分裂或减数分裂的第一次分裂前的间期。这时,一个 DNA 分子双链之间的氢键断裂,两条链彼此分开,亲代 DNA 分子利用细胞提供的能量,在解旋酶的作用下,氢键断裂,部分双螺旋链解旋为两条平行的双链。之后,以单股 DNA 为模板,在引物酶的作用下,合成由几十个核苷酸组成的 RNA 引物。在 DNA 聚合酶的作用下,以单股 DNA 为模板按照碱基配对原则,在 RNA 引物末端合成 DNA。这时,在核酸酶的作用下切掉引物,在 DNA

聚合酶的作用下,将引物部位换上 DNA,这时的 DNA 片段仅由 1000～2000 个核苷酸组成,最后,在联结酶的作用下,这些片段连接成一条完整的 DNA 链。新链和旧链构成 DNA 双链。复制完毕时,原来的一个 DNA 分子即成为两个 DNA 分子,因为,新合成的每个 DNA 分子都含有一条原来的链和一条新链,所以这种复制方式称为半保留复制。

　　DNA 分子同一些蛋白质相结合,通过螺旋、扭曲、折叠等方式压缩 8000～10000 倍而形成染色体,并存在于细胞核中。生物体细胞核中 DNA 长度各不相同,它的长度并不能完全反映出遗传的复杂性,因为并不是所有的 DNA 序列都能按照三联体密码来编码蛋白质。这里就需要提到基因的概念了。基因是能按中心法则合成蛋白质的 DNA 片段,而其他的 DNA 片段则不能。每一个生物都有各自独特的 DNA 结构,相应的每一个基因也有各自独特的 DNA 结构。编码出特定结构的蛋白质执行特定的生理功能,这些具有生理功能的蛋白质就是我们所说的酶。酶的合成、一切生理生化反应过程,根本上都要受到基因的控制,这就是基因工程的理论基础。

　　DNA 是通过控制蛋白质的合成来控制其性状的。蛋白质是组成生物体的重要成分,生物体的性状主要是通过蛋白质来体现的。具有一定结构的 DNA 可以控制合成相应结构的蛋白质。但是,由于 DNA 主要存在于细胞核里,而蛋白质的合成是在细胞质里进行的,所以遗传信息不能直接由DNA 传递给蛋白质,而需要另一种核酸 RNA 来帮助完成。

RNA 在化学结构上与 DNA 不同,它是一种核糖核酸。RNA 的核苷酸有磷酸、戊糖和碱基组成。但 RNA 的碱基是腺嘌呤(A)、鸟嘌呤(G)、包嘧啶(C)和尿嘧啶(U)组成的。RNA 主要有三类,它们是信使 RNA、核糖体 RNA 和转运 RNA。

DNA 控制合成蛋白质分"转录"和"翻译"两个重要步骤。转录是在细胞核内完成的,它是指以 DNA 的一条链为模板,按照碱基互补配对原则,合成RNA 的过程。由于 RNA 没有碱基 T,而有碱基 U,所以在合成 RNA 的过程中,就以 U 代替T 与 A 配对。遗传信息的转录过程是在 RNA 聚合酶的催化作用下进行的。当 RNA 聚合酶与DNA 分子的某一启动部位相结

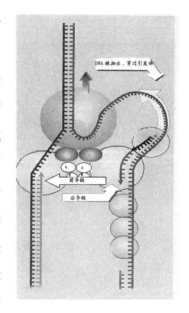

DNA 复制的模型

合时,DNA 的这一特定片段的双股螺旋解开,以其中的一条链为模板,按碱基配对法则,使细胞里已经制成的四种核苷酸(它们分别含有 A、G、C、U)聚合成与该片段相对应的信使

RNA 分子。这样,DNA 中的遗传信息"转录"到了信使 RNA 上。接着是由信使 RNA 将遗传信息翻译为蛋白质的过程。信使 RNA 形成以后,从细胞核中出来进入细胞质,与核糖体结合起来。核糖体是细胞内将氨基酸合成蛋白质的场所。那么,氨基酸是怎样被送到核糖体中信使 RNA 上去的呢?这时,转运 RNA 就要起作用了。转运 RNA 的一端有三个碱基,它们能与信使 RNA 的碱基配对;转运 RNA 的另一端是携带氨基酸的部位,每一种转运 RNA 只能转运一种特定的氨基酸。当转运 RNA 运载着氨基酸进入核糖体后,就会以信使 RNA 为模板,根据碱基配对原则,把所运载的氨基酸放在相应的位置上。接着,信使 RNA 离开核糖体再去转运相应的氨基酸。这样,就可以以信使 RNA 为模板,把氨基酸一个个连接起来,合成具有一定氨基酸顺序的蛋白质。我们知道,蛋白质是由比较普遍存在的 20 种氨基酸按照一定的顺序连接起来的。不同的蛋白质,组成它的氨基酸顺序就不同。可是,RNA 只有四种核苷酸,这四种核苷酸是如何决定 20 种氨基酸的排列问题呢?科学家们经过研究证实,每一个氨基酸都是由三个碱基决定的,同时,科学家们还弄清了究竟哪三个碱基决定哪种氨基酸。遗传学上把信使 RNA 上决定一个氨基酸的三个相邻的碱基叫作"密码子"。科学家们在 1967 年时破译了全部密码子。

DNA 研究的发展方向

21 世纪初,世界生物学研究面临一个重大转折点:人类基因图谱计划的实施。人体每个基因都由数万个碱基对组成,按顺序排列组成脱氧核糖核酸(DNA)链。人类基因图谱计划的目标,就是要寻找出人体所有基因和碱基对在 DNA链上的准确位置,弄清各个基因的功能,对它们进行编目,最终绘制出包含人体遗传密码的图谱。到目前为止,科学家还只破译了 10 万个人体基因中的大约 30%。

许多国家投入大量资金,组织大批科学家进行攻关,希望率先夺取生命科学领域的这一"圣杯"。

人类基因组是指编码在染色体 DNA 双螺旋结构中的全部遗传信息,包含了人类大约 10 万个基因。至目前为止,科学家只破译了 5000 个。人类基因组计划的目标是破译人类DNA 分子的全部核苷酸顺序,建立完整的遗传信息数据库。它将成为 21 世纪生命科学的资源库,并将促进生物学的不同领域的发展;也将为医学带来前所未有的发展,5000 多种遗传性疾病以及恶性肿瘤、心血管疾病和其他严重危害人类的疾病都有可能得到预测、预防、早期诊断和治疗的方法。农业、工业和环境和科学也将从中受益。

早在 1987 年,美国国会就通过了实施人类基因组计划的预算,1990 年计划正式实施,大规模基因测序是在 1998 年,迄今已破译出了大约 30181 个基因的遗传密码。有关测序工作分三步进行:第一步,沿着 DNA 链每隔一定的距离设置"路标",把基因分为许多片段;第二步,"各个击破",具体对各片段进行测序;第三步,进行精加工,对测序结果进行补充和修正。依靠技术的进步和大规模测序手段的出现,该计划到 2003 年已完成。

研究成果逐渐扩展到生物学领域以外,摩托罗拉公司提出利用基因拼接和基因组设计制造计算机的可能性,并成立研究小组进行研究。其思想是以脱氧核糖核酸(DNA)分子为基础,制造在某些计算方面远远胜过当今数字计算机的 DNA 计算机。大学里的科学家已经造出了原始的 DNA 计算机。一些科学家认为,生物世纪还将使电子业进入一个新时代。由于 DNA 的螺旋结构中存储的信息量非常大,因此把基因作为计算的基础对科学家有很大的吸引力。当然,用 DNA 进行一次数学计算也许要比硅芯片用的时间多得多。但是,硅芯片在同一时间只能做一件事,相比之下,DNA 计算机在理论上则能同时做一万万亿件事。不过,DNA 要赶上硅芯片还要经历一段漫长的道路。21 世纪是生物世纪,生物技术将给人类带来前所未有的大发展。

生物化学这一名词的出现大约在 19 世纪末 20 世纪初，但它的起源可追溯得更远，其早期的历史是生理学和化学的早期历史的一部分。例如 18 世纪 80 年代，拉瓦锡证明呼吸与燃烧一样是氧化作用，几乎同时，科学家又发现光合作用本质上是动物呼吸的逆过程。又如 1828 年维勒首次在实验室中合成了一种有机物——尿素，打破了有机物只能靠生物产生的观点，给"生机论"以重大打击。

1860 年，巴斯德证明微生物能引起发酵，但他认为必须有活的酵母才能引起发酵。1897 年，毕希纳兄弟发现酵母的无细胞抽提液可进行发酵，证明没有活细胞也可进行如发酵这样复杂的生命活动，终于推翻了"生机论"。生物化学的发展大体可分为三个阶段。

巴斯德

第一阶段：从 19 世纪末到 20 世纪 30 年代，主要是静态的描述性阶段，对生物体各种组成成分进行分离、纯化、结构测定、合成及理化性质的研究。其中菲舍尔测定了很多糖和氨基酸的结构,确定了糖的构型,并指出蛋白质是肽键连接的。1926年萨姆纳制得了脲酶结晶,并证明它是蛋白质。此后四五年间诺思罗普等人连续结晶了几种水解蛋白质的酶,指出它们都无例外地是蛋白质,确立了酶是蛋白质这一概念。通过食物的分析和营养的研究发现了一系列维生素,并阐明了它们的结构。

与此同时,人们又认识到另一类数量少而作用重大的物质——激素。它和维生素不同,不依赖外界供给,而由动物自身产生并在自身中发挥作用。肾上腺素、胰岛素及肾上腺皮质所含的甾体激素都在这一阶段发现。此外,中国生物化学家吴宪在1931年提出了蛋白质变性的概念。

第二阶段:约在20世纪30~50年代,主要特点是研究生物体内物质的变化,即代谢途径,所以称动态生化阶段。其间突出成就是确定了糖酵解、三羧酸循环以及脂肪分解等重要的分解代谢途径。对呼吸、光合作用以及腺苷三磷酸(ATF)在能量转换中的关键位置有了较深入的认识。当然,这种阶段的划分是相对的。对生物合成途径的认识要晚得多,在20世纪50~60年代才阐明了氨基酸、嘌呤、嗜啶及脂肪酸等的生物合成途径。

第三阶段:从20世纪50年代开始,主要特点是研究生物大分子的结构与功能。生物化学在这一阶段的发展，以及物理学、技术科学、微生物学、遗传学、细胞学等其他学科的渗透，产生了分子生物学，并成为生物化学的主体。

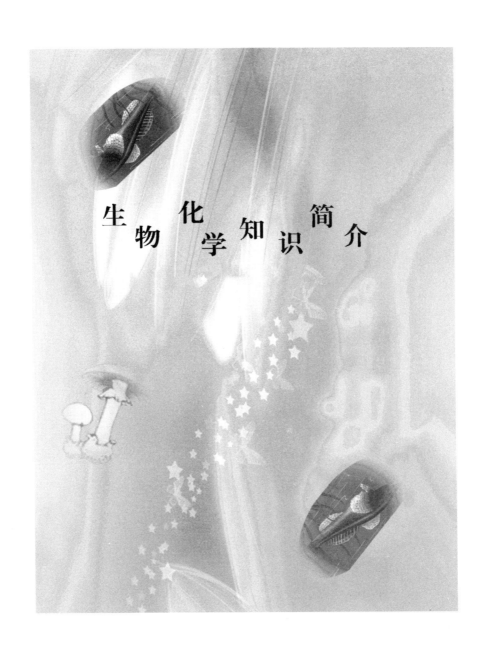

生物化学知识简介

各种蠢事，在每天阅读书的影响下，仿佛在火上一样，渐渐溶化。

——雨果

名句箴言

蛋白质

蛋白质是由碳、氢、氧、氮为基本元素组成的高分子物质，其组成的基本单位是氨基酸。蛋白质是由20多种氨基酸构成的，不同的氨基酸按不同数量、比例组成不同的蛋白质。食物中的各种蛋白质被消化为各种氨基酸吸收，在人体内再重新组合成人体不同的体蛋白，用以满足人体生命活动及生长发育的需要。众多氨基酸中，有八种在人体内不

能合成或合成速度不能满足机体需要,必须每日从膳食中获取。在营养学上称这八种氨基酸为必需氨基酸,即赖氨

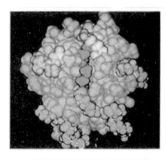

科学家测到的蛋白质空间结构

蛋白质分子结构示意图

酸、色氨酸、蛋氨酸、苏氨酸、缬氨酸、亮氨酸、异亮氨酸、苯丙氨酸。食物蛋白质的营养价值取决于其所含必需氨基酸的种类是否齐全、数量是否充足、比例是否恰当。食物蛋白质的必需氨基酸种类、数量、比例与人体蛋白越接近,其营养价值就越高,否则食物蛋白质的营养价值就会受到限制。在营养学上称食物蛋白质缺少或数量不足,影响蛋白质营养价值的氨基酸为限制性氨基酸。奶类、蛋类、肉类、豆制品等食物所含蛋白质因为必需氨基酸种类齐全、数量充足、比例恰当,故被称为优质蛋白;而各类粮谷所提供的蛋白质因缺少一种或几种必需氨基酸,其蛋白质的营养价值下降,尤其是赖氨酸缺少更为明显,是影响粮谷蛋白质营养价值的第一限制氨基酸。很显然单纯依靠粮谷蛋白质不能完全满足机体营养需要,在每日膳食中除粮谷主食外,必须摄入一定数量的优质蛋白质才能保证机体生长发育及生理活动的需要。

生物化学知识简介

　　蛋白质是构成机体所有组织细胞的重要物质基础,是人体必需的营养素,具有促进生长发育和组织修补作用。也是机体内许多生物活性物质,如酶、激素、抗体、血红蛋白、肌红蛋白等,担负着各种重要的生理功能。同时蛋白质还具有维持体液平衡、酸碱平衡的功能,还有解毒、运输等作用。蛋白质的主要食物来源是畜、禽肉及内脏、蛋、奶和鱼类。我国膳食结构中粮谷所占比例较大,由谷粮提供的蛋白质也占相当大的比例。从营养的角度说,由膳食提供的蛋白质不仅要满足数量要求,还要保证蛋白质的质量。在满足生理需要的足够数量的膳食蛋白质供给前提下,至少优质蛋白质应占1/3,而正在生长发育阶段的儿童应保证优质蛋白质达到 1/2以上。

名句箴言

不去读书就没有真正的教养，同时也不可能有什么鉴别力。

——《赫尔岑论文学》

核酸

现代生物学告诉我们，所有的生物体都是由"细胞"构成的。人类的细胞数约为 60 万亿个，而每一个细胞平均以 200 天为一个周期更新。

精子和卵子相结合后，就开始进行细胞分裂。它们一分为二，二分为四，四分为八……一直分裂到三万亿个细胞时，新的生命才会平安地来到世上。

当新的生命来到世上之后,细胞又要继续分裂,细胞的分裂过程,就是生命的成长过程,最后一直分裂到在约 60 万亿个细胞时,人体就发育成熟了。

由许多核苷酸聚合而成的生物大分子化合物,成为生命的基础物质。1868 年,米歇尔在脓细胞中发现并将它们分离出来。核酸在所有动物、植物细胞、微生物内、生物体内都广泛存在着,核酸常与蛋白质结合形成核蛋白。不同的核酸,其化学组成、核苷酸排列顺序等不同。根据化学组成不同,核酸可分为核糖核酸,简称 RNA 和脱氧核糖核酸,简称 DNA。DNA 是储存、复制和传递遗传信息的主要物质基础,RNA 在蛋白质的合成过程中起着重要作用,其中转移核糖核酸,简称 tRNA,

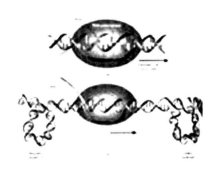

核酸的代谢

起着携带和转移活化氨基酸的作用;信使核糖核酸,简称 mRNA,是合成蛋白质的模板;核糖体的核糖核酸,简称 rRNA,是细胞合成蛋白质的主要场所。核酸不仅是基本的遗传物质,而且在蛋白质的生物合成上也占重要位置,因而在生长、遗传、变异等一系列重大生命现象中起决定性的作用。

细胞的更新就是一个细胞一分为二,制造出与自己完全相同的细胞来。旧的细胞死亡,而剩下的细胞会重新产生新的细胞,然后死亡。这就是我们经常说的"新陈代谢",而担当这一责任的就是"核酸"。

细胞分裂制造出与自己完全相同的细胞,因为细胞分裂完全是承袭其父母的"遗传基因",并在此基础上进行,是先天的,不可变异的。

脱氧核糖核酸存在于"细胞核"中,核糖核酸存在于细胞周围的"细胞质"中,二者成为一组,负责细胞分裂的任务,而它们均呈现酸性,所以称为核酸。

DNA 带有承袭父母的遗传信息,指示蛋白质的合成。RNA 则

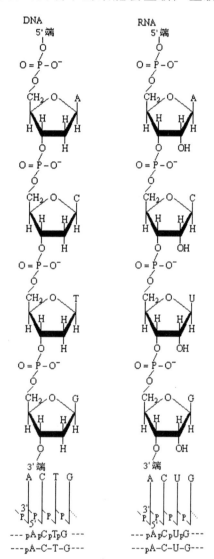

DNA 和 RNA **多核苷酸链片断**

接受 DNA 的信息,实际进行蛋白质的合成。简单地说,DNA 是制造蛋白质的设计师,RNA 则是按照设计师的设计来制造蛋白质。

蛋白质是构成人体的基础,人体的肌肉、脏器、皮肤、头发的颜色、眼睛的晶状体等,都由蛋白质构成。在食物转换为热量时,需要与组成蛋白质相同的氨基酸所组成的酶来催化。也就是说,DNA、RNA 是制造人体的"基础"。简单地说:核酸就是基因的本体,基因就是核酸分子链上的功能片断。核酸在细胞里,当然基因就是细胞核里的核心。

核酸是一类物质的总称。它可分为核糖核酸(RNA)和脱氧核糖核酸(DNA)两大类。DNA 是细胞染色体中的遗传基因,其分子的各个片段就代表各个遗传信息。而 RNA 则是 DNA 信息指令的携带者和执行者。核酸对实际应用也有着重要意义。现已发现近 2000 种遗传性疾病都和 DNA 结构有关。如人类镰刀形红血细胞贫血症是由于患者的血红蛋白分子中一个氨基酸的遗传密码发生了改变,白化病患者则是 DNA 分子上缺乏产生促黑色素生成的酪氨酸酶的基因所致。肿瘤的发生、病毒的感染、射线对机体的作用等都与核酸有关。20 世纪 70 年代开始兴起的遗传工程,使人们可用人工方法改组 DNA,从而有可能创造出新型的生物品种。如应用遗传工程方法已能使大肠杆菌产生胰岛素、干扰素等珍贵的生化药物。

好的书籍是最贵重的珍宝。

——别林斯基

名句箴言

糖类

糖类又称碳水化合物,是含醛基或酮基的多羟基化合物及其衍生物的总称。过去以为其结构式为 $Cn(H_2O)n$,故称碳水化合物。其实这个通式并不确切,因为有些属于糖类的物质具有其他元素组成,如脱氧糖和糖醛酸;或者含有另外的元素,如氨基糖和透明质酸。糖类在自然界分布广泛,每个植物或动物细胞都含有糖。按照重量,糖类占据地球上有机化合物的大部分。根据分子大小可分成单糖、寡糖和多糖三大类。糖类还可能和蛋白质或脂质结合成糖蛋白、蛋白聚糖、糖酯或脂多糖等复合糖。脂蛋白是兼有蛋白质、脂质和糖类的大分子复合物。糖类在生物体中的功能主要是为生物提供能量以维持生命所必需的活

糖

动。其另一种重要功能是作为结构组分参与各种组织,如植物的茎、叶和动物的结缔组织、软骨、滑液等,糖类起着支撑、保护或滑润的作用。糖类是蛋白质和核酸以外的又一类重要的信息分子。很多糖类具有抗原性,它们是人的血型、细胞和许多微生物分型的基础。糖类参与多种细胞间的识别作用。一些毒物、激素和细胞免疫有关因子的受体是糖蛋白或糖酯。受精、细胞分化等重要的生理功能也和糖蛋白的糖链有关。

糖类能够供给人体每天消耗的能量。各种糖类一般都是在肠道中被消化为单个的结构单元(单糖)后被人体吸收,

随血液循环转运至细胞,多余的糖以糖元(也叫动物淀粉,属于多糖)的形式贮存在肝脏、肌肉等处备用。

糖类不仅为人体供给热能,还能参与细胞的多种代谢活动,维持神经系统的正常功能,并能促进蛋白质的合成。如果机体缺乏糖类供应,会容易疲劳,并导致体重减轻、生长发育迟缓等。然而过量食用对人体也有害,如可以造成龋齿、肥胖、精神障碍甚至癌症等疾病。

如低聚果糖、山梨糖醇、膳食纤维等能够促进健康的糖类物质也逐渐引起人们的重视。

低聚果糖能够降低血清胆固醇和甘油三酯的含量,不会引起体内血糖值的波动,可用作高血压、糖尿病和肥胖症等患者理想的代用糖。它能促进肠道有益菌——双歧杆菌的增殖,从而抑制有害细菌的生长繁殖,因而能够预防感染,保持肠道正常功能。另外,低聚果糖难以为口腔细菌利用,是一种防龋齿代用糖。山梨糖醇是糖的衍生物,它在人体内的代谢途径与胰岛素无关,因而可用于糖尿病人专用食品的生产。与低聚果糖相似,山梨糖醇亦不易为口腔细菌利用,长期摄入不会引起牙齿龋变。膳食纤维虽然是人体不能消化的多糖,但它能够减少胆固醇的吸收,吸附、排除肠道内的毒素,增加饱腹感,从而能够在减少多种"现代文明病"发生的同时塑身养颜,因而越来越受到青睐。由于其功能独特,甚至被单列于糖类之外,称为"第七营养素"。

书是我们时代的生命。

——别林斯基

名句箴言

生物膜

细胞是人体和其他生物体一切生命活动结构与功能的基本单位。体内所有的生理功能和生化反应，都是在细胞及其合成排泄的基质（如细胞间隙中的胶原和蛋白聚糖）的物质基础上进行的。细胞膜是包裹细胞的一层薄膜，为生物膜的一种，它把细胞内容物和细胞的周围环境分割开。生物膜在地球上出现有生命物质和它由简单到复杂

的长期演化过程中出现，是一次飞跃，它使细胞能够既独立于环境而存在，又能

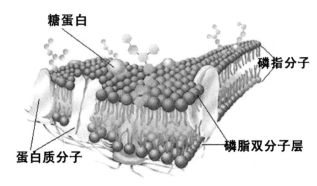

糖蛋白

磷指分子

蛋白质分子

磷脂双分子层

生物膜的结构示意图

通过生物膜与周围环境进行有选择的物质交换而维持生命活动。显然，细胞要维持正常的生命活动，不仅细胞的内容物不能流失，而且其化学组成必须保持相对稳定，这就需要在细胞和它的环境之间有某种特殊的屏障存在。它能使新陈代谢过程中，经常由细胞得到氧气和营养物质接受各种信息分子和离子，排出代谢产物和废物，使细胞保持稳态，这对维持细胞的生命活动极为重要。因此生物膜是一个具有特殊结构和功能的选择性通透膜，它的主要功能可归纳为：能量转换、物质运送、信息识别与传递。

膜主要由脂质、蛋白质和糖类等物质组成。膜内所含蛋白质在很大程度上决定着生物膜的各种功能。细胞和周围环境之间的物质、能量和信息的交换，大多与细胞膜上的蛋白质有关。细胞膜蛋白质就其功能可分为以下几类：一类是能识别各种物质，在一定条件下有选择地使其通过细胞膜的

蛋白质如通道蛋白；另一类是分布在细胞膜表面，能"辨认"和接受细胞环境中特异的化学性刺激的蛋白质，这统称为受体；还有一大类膜蛋白质属于膜内酶类，种类甚多；此外，膜蛋白质可以是和免疫功能有关的物质。总之，不同细胞都有它特有的膜蛋白质，这是决定细胞在功能上的特异性的重要因素。一个进行着新陈代谢的活细胞，不断有各种各样的物质（从离子和小分子物质到蛋白质大分子，以及团块性物质或液体）进出细胞，包括各种供能物质、合成新物质的原料、中间代谢产物、代谢终产物、维生素、氧和 CO_2 等进出细胞，它们都与膜上的特定的蛋白质有关。

生物膜的主要功能之一是跨过生物膜的物

生物膜表

质运送。物质运送可分为被动运送和主动运送两大类。被动运送是物质从高浓度一侧，顺浓度梯度的方向，通过膜运送到低浓度一侧的过程，这是一个不需要外界供给能量的自发过程。而物质的主动运送，是指细胞膜通过特定的通道或运载体把某种分子（或离子）转运到膜的另一侧去。这种转运有选择性，通道或运载体能识别所需的分子或离子，能对抗浓度梯度，所以是一种耗能过程。在膜的主动运送中所需要的能量只能由物质所通过的膜或膜所属的细胞来供给。在细胞膜的这种主动运送中,很重要且研究得很充分的是关于 Na^+、K^+ 的主动运送。包括人体细胞在内的所有动物细胞,其细胞内液和外液中的 Na^+、K^+ 浓度有很大不同。以神经和肌肉细胞为例,正常时膜内 K^+ 浓度约为膜外的 30 倍,膜外 Na^+ 浓度约为膜内的 12 倍。这种明显的浓度差的形成和维持,与细胞膜的某种功能有关,而此功能要靠新陈代谢的正常进行。例如,低温、缺氧或一些代谢抑制剂的使用,会引起细胞内外 Na^+,K^+ 正常浓度差的减小,而在细胞恢复正常代谢活动后,上述浓度差又可恢复。很早就有人推测,各种细胞的细胞膜上普遍存在着一种称为钠钾泵的结构,简称钠泵,它们的作用就是能够逆着浓度差主动地将细胞内的 Na^+ 移出膜外,同时将细胞外的 K^+ 移入膜内,因而形成和保持了 Na^+ 和 K^+ 在膜两侧的特殊分布。后来大量科学实验证明,钠泵实际上就是膜结构中的一种特殊蛋白质,它本身具有催化 ATP 水解的活性,可以把 ATP 分子中的高能键切断而释放能量,并利用此能量进行 Na^+、K^+ 的主动运送。因此钠泵就是这种被称为 Na^+、K^+ 依赖式 ATP 酶的蛋白质。细胞膜上的钙泵也是一种 ATP 酶,它能把细胞内过多的 Ca^{2+} 转移到细胞外去。

生物膜是当前分子生物学、细胞生物学中的热门研究。关于生物膜的结构,生物膜与能量转换、物质运送、信息传递,以及生物膜与疾病等方面的研究及用合成化学的方法制备简单模拟膜和聚合生物膜等方面不断取得新进展。另外,人们正在研究对物质具有优良识别能力的人造膜,使模仿生物膜机能的人造内脏器官,应用于医疗诊断。

理想的书籍是智慧的钥匙。

——托尔斯泰

名句箴言

激素

激素的含义

激素是由人和动物的某些细胞合成和分泌，能调节机体生理活动的特殊物质。"激素"一词来源于希腊文，意为"奋起"或"激起"。现在把凡是通过血液循环或组织液起传递信息作用的化学物质，都称为激素。激素的分泌量均极微，为毫微克（十亿分之一克）水平，但其调节作用非常明显。

激素作用广泛，但不参加具体的代谢过程，只对特定的代谢和生理过程起调节作用，调节代谢及生理过

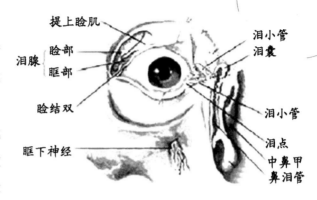

提上睑肌
睑部
泪腺
眶部
睑结双
眶下神经

泪小管
泪囊
泪小管
泪点
中鼻甲
鼻泪管

悲伤使人体分泌有害激素

程的进行速度和方向，从而使机体的活动更适应于内外环境的变化。激素的作用机制是通过与细胞膜上或细胞质中的专一性受体蛋白结合而将信息传入细胞，引起细胞内发生一系列相应的连锁变化，最后表达出激素的生理效应。激素的生理作用主要是：通过调节蛋白质、糖和脂肪等物质的代谢与水盐代谢，维持代谢的平衡，为生理活动提供能量；促进细胞的分裂与分化，确保各组织、器官的正常生长、发育及成熟，并影响衰老过程；影响神经系统的发育及其活动；促进生殖器官的发育与成熟，调节生殖过程；与神经系统密切配合，使机体能更好地适应环境变化。研究激素不仅可了解某些激素对动物和人体的生长、发育、生殖的影响及致病的机理，还可利用测定激素来诊断疾病。许多激素制剂及其人工合成的产物已广泛应用于临床治疗及农业生产。利用遗传工

程的方法使细菌生产某些激素,如生长激素、胰岛素等已经成为现实,并已广泛应用于临床上。

1932 年,有人研究发现,当患柯兴综合征时,病人会出现抑郁。柯兴综合征是由于肾上腺皮质激素过多引起的一种综合征。后来人们发现这种病人 60%～80%情绪低落。患病时有时需要使用肾上腺皮质激素,是因为激素可以抗过敏、抗病毒,使机体渡过难关,所以在临床得到广泛应用。使用激素后,体内肾上腺皮质激素会相对增多,某些人就会导致不同程度的情绪低落和自卑,并伴有焦虑和情绪不稳定,如容易发脾气,易伤感或哭泣等。至于为什么体内皮质激素增多会引起抑郁,目前尚不十分了解,可能外源性激素改变了脑垂体肾上腺系统的平衡,而这种失平衡又可影响其他激素和神经介质而导致抑郁。出现抑郁时,可适当使用一些抗抑郁药,停用激素后会逐渐恢复正常的。

肾上腺分泌的激素及其作用

人体的肾上腺位于左右肾脏的上方,扁平状,长度为 4 厘米～6 厘米,宽约 2 厘米～3 厘米,厚为 3 厘米～6 厘米。右肾上腺约呈三角形,左肾上腺略似半月形。肾上腺的重量在出生后逐渐增大。新生儿约 6 克,成人则为 10 克～15 克。肾上腺分为两部分,外面的一层厚而颜色较浅,称为皮质;中间的一团颜色较深,称为髓质。这两种物质在胚胎时期来源于不同的部位,在低等的动物中也不成这种包被关系。鱼类几乎没有成形的肾上腺。由自主神经的神经节变化而来的髓质以颗粒状态散布于体腔壁和两肾之间,这种结构可以被含铬的染料所染色,被称为"嗜铬组织",分布于肾间的皮质又被称为肾间组织。肾上腺内这两部分组织在高等动物中的结合,是自主神经系统与内分泌系统合作的十分典型而又有趣的极好例子。肾上腺的两部分,不仅在形态位置、颜色及来源上有差

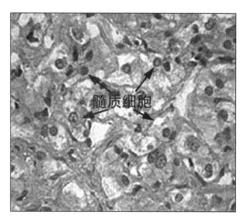

髓质细胞

肾上腺激素

异,它们所分泌的激素也完全不同。肾上腺皮质分泌的激素因其化学结构很像胆固醇,所以又称为"类固醇"。类固醇又分为两类,即皮质醇和醛固酮。皮质醇因其可以促进体内蛋白质转化为葡萄糖,同时又可抑制葡萄糖的分解而被称为"糖皮质激素"。皮质醇不仅有这种"开源"和"节流"的作用,其最重要的作用是参加应激反应。所谓应激反应是指机体对剧烈的环境温度变化、缺氧、创伤、休克及饥饿等刺激作出的反应。在应激反应中,皮质醇分泌量增加,同时通过增加

能量的方式调动体内各器官协同工作,共渡难关。醛固酮的主要作用是促进肾脏中收集管吸收钠、排出钾从而维持机体内环境的稳定。由于体内渗透压的作用,在钠被保住的同时,水也被保住。醛固酮也因这种"保钠保水排钾"的作用而被称为"盐皮质激素"。皮质激素还有一个共同的作用,就是减缓血管中髓质激素的分解速度。髓质分泌两种激素:肾上腺素和去甲肾上腺素。后者与前者的差异是其化学结构式比前者少一个甲基($-CH_3$)。关于肾上腺素的作用,目前流行的是所谓"应急学说"。即肾上腺素

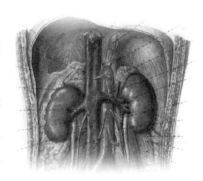

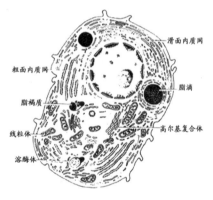

肾上腺

作用于中枢神经系统,提高兴奋度,使机体警觉性提高,反应灵敏,使呼吸加快、心率加速,升高血压使血流重新分配(即收缩内脏中的血管来增加肌肉中的血量)。总之,肾上腺素的作用就是帮助机体应付突发性的紧急事件。当病人休克昏迷时,医生在抢救时所注射的"强心针"就是肾上腺素。但

肾上腺素和去甲肾上腺素的一大特点就是维持的时间很短，其半衰期为 20 秒，就是说每过 20 秒钟，就有一半量的肾上腺素被分解掉了。

在体育比赛中，有人曾企图以肾上腺素作为兴奋剂来刺激运动员在短时间内产生巨大的爆发力，但由于肾上腺素的作用迅速，维持时间短，注射剂量难以掌握，运动员因此而受伤甚至死亡的事件屡有发生。于是，那些想投机取巧的人便把注意力转移到肾上腺皮质激素上来，这就是目前常说的兴奋剂——类固醇药物。由于肾上腺皮质激素有减缓肾上腺素分解速度的作用，并且其本身就可以产生调动机体能力的作用，加上它比较温和，维持的时间较长，注射剂量比较容易掌握，所以，深受投机者喜欢。但是，任何激素在正常机体中的含量都是极微的，超过一定浓度必然会损害健康。靠兴奋剂刺激出来的成绩毕竟是假的，而且对运动员会造成不同程度的伤害。为打击在体育竞赛中的

兴奋剂冠军

投机分子,世界各国在严禁使用兴奋剂的同时相继建立起兴奋剂检测中心。由于正常机体内的类固醇在经过肝脏分解后被肾脏滤过出现在尿液中,其含量是稳定的。但是使用了兴奋剂后,尿液中含有过量的类固醇物质,极易与正常的尿液区分开来,这就使那些偷偷使用兴奋剂的人难以逃脱检测人员的检测。

甲状腺和胰腺中的胰岛

甲状腺一种内分泌腺,广泛存在于各种脊椎动物中。它的位置、形态及数目因动物种类的不同而有很大的差异。少数鱼的甲状腺可存在于脾脏、肾脏、心脏甚至于眼部。甲状腺在人体中长在喉部甲状软骨两旁,形似盾状。甲状腺内血管含量极其丰富,它所分泌的甲状腺素是一种含碘的激素。甲状腺正常功能的维持依赖于食物中碘的获得。沿海地区的居民因为可以从海产动植物中获得碘而很少有缺碘的病发生。内陆地区,尤其在偏远山区,居民难得吃到海产品,并且食用的盐大多来自井盐或矿盐,人们常因缺碘而患一种称为"大脖子病"的甲状腺肿大症。这主要是甲状腺为获取碘而经常充血所致。这种病可通过注射或服用含碘药物而治愈。甲状腺素对动物的新陈代谢及生长发育有极为重要的作用。年幼缺少甲状腺素的儿童往往发育不良,身体矮小,

称为"侏儒"。哺乳类和鸟类等恒温动物体温的
维持需要足够量的甲状腺素。但甲状腺素分泌过多的人,体
温高于正常人,代谢过于旺盛,消瘦而眼球突出,这种病称为
"甲状腺机能亢进",俗称"甲亢"。甲状腺的机能是多方面
的,它对神经系统,生殖及动物的行为都有重要影响。关于
松江鲈鱼的甲状腺研究是这方面的一个例子。长期以来,科
学家对这种鱼的洄游现象一直感到困惑。他们发现,每年松
江鲈鱼在开始洄游时,其体内的性腺还未发育成熟,它们一
定要沿江而下,游到大海后才会有成熟的性腺。淡水与海水
实验检测后发现,碘的含量是最关键的控制因素。进一步解
剖观察
后,发
现在松
江鲈鱼
洄游期
间,其
甲状腺
分泌异
常 活

甲状腺激素的结构

跃。因为合成甲状腺素需要碘,而只有海水中才有大量的
碘。是对碘的追求导致了这种鱼的洄游吗?科学家们正试
图通过进一步的实验去寻找答案。

通过管道向消化管——小肠输送胰液以帮助分解蛋白质等物质和通过胰脏上的特殊细胞——胰岛细胞分泌胰岛素和胰高血糖素以调节动物体内的血糖水平是动物胰腺的两大功能。当胰岛生产出胰岛素后,通过血液循环输送到全身。所有内分泌激素都是以这种方式直接进入血管的。胰岛细胞出毛病的人会患糖尿病,病人的血糖浓度大大高于正常人的水平,在其尿液中也可测出葡萄糖。这种病人由于丧失了主要的能量来源而不得不消耗脂肪或蛋白质以保障能量水平的稳定,而脂肪与蛋白质的大量消耗又会带来一系列毛病。患者过去所用的注射液是从动物胰岛的细胞提取的,这种药成本高、价格昂贵。由于遗传学、生物化学工作者的共同努力,现在已经可以通过遗传生物工程,利用工程菌生产大量的胰岛素,从而大大降低了成本,造福人类。这是动物学、生理学、生物化学及遗传学等多学科工作者跨专业共同努力的典型范例。

好动与不满是进步的第一必需品。

——爱迪生

名句箴言

维生素

维生素,顾名思义,是维持生命的要素。它含量虽微,通常在一般食物中只占万分之一的含量,但它的神通十分广大,一旦生命体失掉它,就会死亡。所以,它是名副其实的维持生命的要素。维生素的发现经历了艰难的历程。1880年,瑞士巴塞尔大学研究生鲁宁首先发现牛奶中含有一种神秘的物质。

1896 年,荷兰医生艾克曼在印度尼西亚发现吃精白米的鸡和人,都会得一种奇怪的脚气病。一次偶然的机会,他用将米糠浸泡出来的水,却治愈了脚气病。1912 年,英国科学家霍比克经过一番研究后认为,动物生命的维持,即新陈代谢的正常进行,除必须供应糖类、脂肪、蛋白质、无机盐外,还必须摄入少量的神秘物质,才能使新陈代谢正常进行。1913 年,波兰化学家丰克经过艰苦的努力,用酸性白土作吸附剂,才从米糠中提取到这种神秘的物质(维生素 B_1)。由于它是生命体不可缺少的物质,而从化学结构上看是胺类化合物,于是,给它起名为生命胺,英文为 Vitamine。德国科学家德来蒙特把"生命胺(Vitamine)"的名字作了修改,他巧妙地将最后一个字母"e"去掉,成为"维他命"(Vitamin)。从此,这名词就叫开了。近年来,我们把它译为维生素,使之更符合维持生命要素的含义。迄今,科学家发现,不但人类和哺乳类动物需要维生素,而且低等生物如细菌等也都有各自的维生素。就人类而言,也有 10 多种不可缺少的维生素。

维生素是一些小分子有机化合物,据其溶解特性将维生素分为脂溶性维生素和水溶性维生素两大类。脂溶性维生素包括维生素 A、D、E、K 等;水溶性维生素包括维生素 B_1、B_2、P_P、B_6、B_{12}、C 等。当膳食中供给维生素不足或缺乏时,会产生相应的维生素缺乏症。

维生素 A 以视黄醛的形式与视蛋白结合成感光物质,并对维持上皮组织的健康至关重要。如缺乏维生素 A,会出现夜盲症、干眼病和皮肤干燥,使儿童生长受阻。

维生素 D 参与调节钙磷代谢,组成和维持骨骼的强壮。缺乏维生素 D,易使儿童患佝偻病。

维生素 E 有抗氧化作用和抗不育作用。它对身体有很多有益的功效。可减少维生素 A 及多元不饱和脂肪酸的氧化、控制细胞氧化、促进伤口的愈合、抑制皮肤晒伤反应等。

维生素 E(α-生育酚)

　　水溶性维生素中的 B 族维生素多参与构成结合蛋白质酶类中的辅酶成分,参与物质代谢。如缺乏维生素 B_1,甲状腺机能降低,会出现妊娠泌乳不良等,缺乏维生素 B_2 易患舌炎;缺乏维生素 B_{12} 易患恶性贫血。

　　维生素 C 具有还原性,并参与羟化反应。

　　以粮食和蔬菜为主食而肉食摄取较少的人群容易造成维生素 A、D、B_2 缺乏。在北方冬春季节,由于蔬菜种类不丰富,容易引起维生素 C 缺乏症。

　　在不同季节有不同的膳食习惯:应多吃胡萝卜,以预防维生素 A 缺乏病;应增加光照时间,以补充饮食中维生素 D 供给不足而引发的佝偻病。动物性食品如内脏中含丰富的维生素 B_2;豆芽菜中富含维生素 C,另外还可在油脂中强化维生素 A、D,以补充不足。但必须注意维生素 A、D 是脂肪性维生素,若不控制而过多服用,会造成肝脏内储存过

维生素 C

多而中毒。

β－胡萝卜素

胡萝卜素

生物化学是对生物体组成的鉴定,直到今天,新物质还在不断被发现。如陆续发现的干扰素、环核苷磷酸、钙调蛋白、粘连蛋白、外源凝集素等,已成为重要的研究课题。旧物质也会发现新的功能,20世纪初发现的肉碱,50年代才知道是一种生长因子,而到60年代,又了解到是生物氧化的一种载体;多年来被认为是分解产物的腐胺和尸胺,与精胺、亚精胺等多胺被发现有多种生理功能,如参与核酸和蛋白质合成的调节,对DNA超螺旋起稳定作用以及调节细胞分化等。

合成代谢和分解代射是组成新陈代谢的两部分。合成代谢是生物体从环境中取得物质,转化为体内新的物质的过程,也叫同

新陈代谢类型
├─ 同化作用
│   ├─ 自养型
│   │   ├─ 光合自养型
│   │   └─ 化能自养型
│   └─ 异养型
│   ├─ 捕食型
│   ├─ 腐生型
│   └─ 寄生型
└─ 异化作用
    ├─ 需氧型(有氧呼吸型)
    └─ 厌氧型(无氧呼吸型)

化作用;分解代射是生物体内的原有物质转化为环境中的物质,也叫异化作用。同化和异化的过程都由一系列中间步骤组成。中间代谢就是研究其中的化学途径的。

$$\left.\begin{array}{l}糖\\脂肪\\蛋白质\end{array}\right\}\begin{array}{cc}能量&能量\\来源&去路\end{array}=\left\{\begin{array}{l}机械功\\合成反应\\膜转运\\信号转导\\信号转导\\产热\\腺体分泌\end{array}\right.$$

能量代谢示意图

物质代谢过程中常常伴有能量的变化。能量代谢是指生物体内机械能、化学能、热能以及光、电等能量的相互转化和变化,此过程中 ATP 起着中心的作用。新陈代谢在生物体的调节控制之下有条不紊地进行。生物体内绝大多数调节过程是通过别构效应实现的。

生物大分子的多种功能与它们特定的结构有密切关系。催化、运输和贮存、机械支持、运动、免疫防护、接受和传递信息、调节代谢和基因表达等是蛋白质的主要功能。结构分析技术不断发展,人们能在分子水平上深入研究它们的各种功能,蛋白质分子内部的运动性是它们执行各种功能的重要基础。20 世纪末出现的蛋白质工程,通过改变蛋白质的结构基因,获得在指定部位经过改造的蛋白质分子。这一工程不仅为研究蛋白质的结构与功能的关系提供了新的途径;而且也开辟了按一定要求合成具有特定功能的、新的蛋白质的广阔前景。

核酸的结构与功能的研究与阐明基因的本质,了解生物体遗传信息的流动有密切关系。碱基配对是核酸分子相互作用的主要形式,这是核酸作为信息分子的结构基础。基因表达的调节控制是分子遗传学研究的一个中心问题,也是核酸的结构与功能研究的一个重要内容。对于原核生物的基因调控已有不少的了解;真核生物基因的调控正从多方面探讨。如异染色质化与染色质活化;DNA 的构象变化与化学修饰;DNA 上调节序列如加强子和调制子的作用;RNA 加工以及转译过程中的调控等。

生物体的糖类物质是由多糖、寡糖和单糖组成。在多糖中,纤维素和甲壳素是植物和动物的结构物质,淀粉和糖元等是贮存的营养物质。单糖是生物体能量的主要来源。寡糖在结构和功能上的重要性在

核酸代谢使植物生长

20 世纪 70 年代才被人们所认识。寡糖和蛋白质或脂质可以形成糖蛋白、蛋白聚糖和糖酯。糖链结构复杂,使它们具有很大的信息容量,对于细胞专一地识别某些物质并进行相互作用而影响细胞的代谢具有重要作用。从发展趋势看,糖类将与蛋白质、核酸、酶并列成为生物化学的四大研究对象。

只要生物大分子的化学结构能够测定,就可在实验室中进行人工合成。生物大分子及其类似物的人工合成有助于了解它们的结构与功能的关系。有些类似物由于具有更高的生物活性而可能具有应用价值。通过 DNA 化学合成而得到的人工基因可应用于基因工程而得到具有重要功能的蛋白质及其类似物。

酶对生物体内的化学反应具有催化作用。酶的作用具有催化效率高、专一性强等特点。这些特点与酶的结构密切相关。酶的结构与功能的关系、反应动力学及作用机制、酶活性的调节控制等是酶学研究的基本内容。酶与人类生活和生产活动关系十分密切,因此酶在工农业生产、国防和医学上的应用一直受到广泛的重视。

脂质和蛋白质是生物膜的组成部分,一般也含有糖类,其基本结构可用流动镶嵌模型来表示,即脂质分子形成双层膜,膜蛋白以不同程度与脂质相互作用并可侧向移动。生物膜与能量转换、物质与信息的传送、细胞的分化与分裂、神经传导、免疫反应等都有密切关系,是生物化学中一个活跃的研究领域。

激素对新陈代谢具有重要的调节作用。激素系统和神经系统构成生物体两种主要通信系统,二者之间又有密切的联系。20 世纪 70 年代以来,激素的研究范围日益扩大,许多激素的化学结构已经测定,它们主要是多肽和甾体化合物。一些激素的作用原理也清楚了,有些是改变的通透性,有些是激活细胞的酶系,还有些是影响基因的表达。维生素对新陈代谢也有重要影响,可分水溶性与脂溶性两大类。它们大多是酶的辅基或辅酶,与生物体的健康有密切关系。

生物进化论中指出:地球上数百万种生物具有相同的起源,并在大约 40 亿年的进化过程中逐渐形成。生物化学的发展为这一学说在分子水平上提供了有力的证据。在生物化学的发展中,很多重大的进展都是在方法上的突破。20 世纪 90 年代以来,计算机技术广泛而迅速地向生物化学各个领域渗透,不仅使许多分析仪器的自动化程度和效率大大提高,而且为生物大分子的结构分析、结构预测以及结构功能关系的研究提供了全新的手段。生物化学的继续发展还要得益于技术和方法的革新,这是毫无疑问的。

细胞学、微生物学、遗传学、生理学等领域也深受生物化学的影响。通过对生物高分子结构与功能进行的深入研究,揭示了生物体物质代谢、能量转换、遗传信息传递、光合作用、神经传导、肌肉收缩、激素作用、免疫和细胞间通讯等许多奥秘,使人们对生命本质的认识跃进到一个崭新的阶段。生物学中一些看来与生物化学关系不大的学科,如分类学和生态学,甚至在探讨人口控制、世界食品供应、环境保护等社会性问题时,都需要从生物化学的角度加以考虑和研究。

生物化学还将生命世界中所提出的重大而复杂的问题展现在物理学面前,是生物学与物理学之间的桥梁,产生了生物物理学、量子生物化学等边缘学科,从而丰富了物理学的研究内容,促进了物理学和生物学的发展。

在医学、农业、某些工业和国防部门的生产实践的推动下,生物化学逐渐成长起来,反过来,这些部门生产实践的发展也受到生物化学的推动作用。生物化学在发酵、食品、纺织、制药、皮革等行业都显示了巨大的作用。例如皮革的鞣制、脱毛,蚕丝的脱胶,棉布的浆纱都用酶法代替了老工艺。近代发酵工业、生物制品及制药工业包括抗生素、有机溶剂、有机酸、氨基酸、酶制剂、激素、血液制品及疫苗等均创造了相当巨大的经济价值,特别是固定化酶和固定化细胞技术的应用更促进了酶工业和发酵工业的发展。